马克思诞辰200周年纪念文库
The 200th Anniversary Books for Karl Marx

# 马克思博士论文《德谟克利特的自然哲学和伊壁鸠鲁的自然哲学的差别》研究

张雨欣 | 著

中央编译出版社
CCTP Central Compilation & Translation Press

**图书在版编目（CIP）数据**

马克思博士论文《德谟克利特的自然哲学和伊壁鸠鲁的自然哲学的差别》研究 /张雨欣著．—北京：中央编译出版社，2019.4
ISBN 978-7-5117-3661-1

Ⅰ．①马…
Ⅱ．①张…
Ⅲ．①《德谟克利特的自然哲学和伊壁鸠鲁的自然哲学的差别》—马克思著作研究
Ⅳ．① A811.21

中国版本图书馆 CIP 数据核字（2018）第 284945 号

马克思博士论文《德谟克利特的自然哲学和伊壁鸠鲁的自然哲学的差别》研究

---

**出 版 人：** 葛海彦
**责任编辑：** 李易明
**责任印制：** 刘　慧
**出版发行：** 中央编译出版社
**地　　址：** 北京西城区车公庄大街乙 5 号鸿儒大厦 B 座（100044）
**电　　话：**（010）52612345（总编室）　（010）52612339（编辑室）
（010）52612316（发行部）　（010）52612346（馆配部）
**传　　真：**（010）66515838
**经　　销：** 全国新华书店
**印　　刷：** 三河市华东印刷有限公司
**开　　本：** 710 毫米 × 1000 毫米　1/16
**字　　数：** 168 千字
**印　　张：** 12
**版　　次：** 2019 年 4 月第 1 版
**印　　次：** 2019 年 4 月第 1 次印刷
**定　　价：** 78.00 元

---

**网　　址：** www.cctphome.com　**邮　　箱：** cctp@cctphome.com
**新浪微博：** @中央编译出版社　**微　　信：** 中央编译出版社(ID: cctphome)
**淘宝店铺：** 中央编译出版社直销店(http://shop108367160.taobao.com)(010)55626985

---

**本社常年法律顾问：北京市吴栾赵阎律师事务所律师　闫军　梁勤**
凡有印装质量问题，本社负责调换，电话：(010) 55626985

# 序

青年时期的马克思有着人生的单纯的理想和对世界的未来的新的理解。基于此，他所确立的理性似乎就是在当时能够尽快实现自由，对哲学的理解与对现实的掌控也似乎就是哲学家的主要完成样式。由此，哲学的力量似乎就拥有了超越现实的力量，有了一种自信的抱负。由此可以说，马克思的《博士论文》可以被看作是其首次通过学理的形式去表达一种纯粹哲学意义上的理论思想——自由观，更是其首次对所处的时代和现实社会进行的发自内心的自由宣言，虽然在《博士论文》中仍然有着很多理论上的不完善与不成熟，但是，它已经孕育了马克思在其未来生活中必将走向实践自由观同时敢于追求“现实”自由的萌芽。

马克思主义哲学认为自由应该是在一定社会关系之下所形成的自由，并不存在所谓的超越社会关系和社会制度的自由，由此也就可以说，自由的实现程度与社会的公正合理程度有着直接的关系。反观现实，当今中国处于社会主义初级阶段，自由的实现有其生产力的限制性因素，当然，“人类的自由全面发展”是共产主义社会的终极目标，反射到当今社会就体现在党的十八大提出的社会主义核心价值观中的“自由”观，这里的“自由”必然是要在文化的进步和生产力的发展的条件下才能真正地得以实现。自由，作为人类所向往的一种美好的生存状态是当代社会中人类生存所面临的重要机遇和挑战，在实现的过程中对提高当代人的生存境界有着重大的意义。

但是，自由并不是无所依据的随心所欲，自由是一种行动，这种创造性的活动是有价值规范的，也是不断从类存在中去追求人生意义的。正因为如此，个体的“自我意识”始终要与“类意识”相互联系，一旦二者分离就会发生极其严重的人类生存危机。马克思关于“自由”的学说是十分有启示意义的，尤其是对于解释当今社会的种种冲突。在《博士论文》中，马克思认为，自由不是伊壁鸠鲁所认为的那种深潜于内心深处的、单个的、抽象人的自由，也不是当今社会所认为的是一小部分人的那种具体自由，而应该是这样一种自由——全人类为了自身更好的生存与发展而努力去追求的境界提升。

当代社会的人们亟需反思自身的生存状态，而自由作为人的一种存在意义使得这一反思成为了有价值的问题。事实上，马克思的自由是要最终使人类达到摆脱对物的依赖性的自由，在这里，自由意味着一种充满创造的活动而不是仅仅受利益驱动的活动，意识到这一点，人类在当代社会中的生活才能更加地具有形而上本性所期冀的光辉。

Contents

# 目 录

# 第一章 绪 论

## 一、马克思《博士论文》研究问题的提出

20 世纪二三十年代之后，由于当时相当部分马克思在青年时期所撰写的文献得以发表，学界的一些专家也就开始更多地关注马克思的早期文本。可以说，关于文本的历史解读与现实的前提等诸多问题只有在比较中才能显现出其问题的关键所在，因为任何文本的形成都有着自身的历史。也就是说，在显现作者创作文本原初背景的视域之中才能使其成为一种现实的、历史的可能，与此同时，也才能使得阅读者的视域与当下的作者视域互为激发从而融为一体。在对文本的跨时空理解过程中会遭遇文本原初含义与现实历史境遇的一种对峙，只有在这种对峙之中才能对原初文本生出新的理解和演绎。可以说，要想深入地理解早期马克思的文本思想也就必须理解其所处的

时代背景和其背后的理论框架，由此才能使得对于青年时期的马克思的理解展现出一种新的视角。也就是说，对青年时期的马克思的思想还原与青年时期的马克思思想的发展有着一体性的关联。事实上，青年时期的马克思在其刚刚踏上哲学探索之路时，就有了自己关于哲学的独到理解并在这种理解之中提出了对自由和现实的辩证梳理。可以说，青年时期的马克思在这一时期的理解始终是与其强调的自由的观念密切相关的，尽管青年时期的马克思此时对自由的理解还尚未达到一个比较高的水准。

对青年时期的马克思哲学思想的整体性理解，特别是对马克思早期思想的阐发性把握需要在历史的推移之中进行，而且这一演进性的历史阐发需要在历史的维度与思想的维度中加以推移。也就是说，需要通过对青年时期的马克思早期思想的深入理解来对马克思这一阶段的历史和思想脉络以及发展路径加以阐释，以期能够确立理解马克思的早期思想所提出新的理解视角及其方法论原则。可以说，青年时期的马克思在其早期思想的具体演进过程中，对自身的问题理解是以马克思哲学起始点的形式预示了其所能达到的一个思想延伸的理论原点或精神高度的。

尽管青年时期的马克思《博士论文》中的很多想法并不是成熟和完善的，但其中所蕴含的一些观点恰恰是其日后思想形成的逻辑出发点和历史转折点。事实上，青年时期的马克思

《博士论文》中蕴含了大量马克思成熟时期的潜在思想萌芽，甚至蕴含着其未来发展方向的思想轨迹的缩影。也就是说，在青年时期的马克思《博士论文》中，尽管其当时在思想旨趣与研究思路方面与其后期存在不同之处，但是，从精神主旨以及方法论原则上可以看到其精神的旨趣有着潜在的、始终如一的连贯性和渐次生成的规定性。可以说，只有真正理解了青年时期的马克思《博士论文》的内容及其可能演进的诸多因素，才能真正地理解马克思思想产生的初衷。

青年时期的马克思在写作其《博士论文》时比较认同晚期希腊自然哲学家伊壁鸠鲁的一些思想理论，即关于“原子偏斜”运动所带来的自由的可能以及“自我意识”的高扬。从总体而言，青年时期的马克思在其《博士论文》中对伊壁鸠鲁哲学的接触有着三个互为联系，又互为差异的层次：首先是马克思对伊壁鸠鲁的理论解释，这也是铸成马克思早期思想的一个重要组成部分，马克思此时对于伊壁鸠鲁的哲学理解是停留在其纯粹哲学思想的理解和可能达到的高度的；其次是马克思对伊壁鸠鲁哲学内在思想的一个阐述，即马克思认为伊壁鸠鲁的“原子论”是对古希腊时期自然哲学家德谟克利特的“原子论”的一次创新，伊壁鸠鲁所提出的“原子偏斜”理论完全改变了“原子论”整个内部的结构，由此，原子偏斜运动为人类的自由实现提供了理论基础。可以说，关于“自由”的理解正是青年时期的马克思与伊壁鸠鲁的思想联结，后来马克思的思想逐渐成熟并开始形成自身的独立判断。在此，青年时期的马克思对于自身思想有着一种超越性的突破，这种超越性就是马克思对于伊壁鸠鲁思想的扬弃——青年时期的马克思虽然赞同伊壁鸠鲁原子论思想中的“偏斜”学说，可他并不赞同伊壁鸠鲁仅仅只是遁入内心以寻得宁静，虽然写作《博士论文》时的马克思并没有完全超出唯心主义的范围，但是，青年时期的马克思在批判地接受伊壁鸠鲁自然哲学思想的过程中已经有了追求“现实”自由的理论趋向。可以说，这也是其《博士论文》哲学内容的主要价值部分和其成熟思想得以形成的基石。

青年时期的马克思“自我意识”哲学的征程始于其大学时代，其时，年轻的马克思加入了当时的博士俱乐部，主要关注和思考的是古希腊哲学，特别是伊壁鸠鲁哲学的发展。因为当时的“青年黑格尔派”认为亚里士多德之后的哲学——晚期希腊哲学，与黑格尔之后的哲学——“青年黑格尔派”的哲学有着很大的相似性，而青年时期的马克思对晚期希腊哲学进行详尽论证也有着一个目的，即证明青年黑格尔派哲学作为黑格尔之后的哲学的历史必然性和现实合理性。由此，关于古希腊思想理论的研究就始终存在于马克思的早期思想之中。可以说，“进一步研究马克思与希腊人的关系尤其是研究他与某种特别是德国对古希腊的解释的紧密关系”[①] 是十分必要的。事实上，如果想真正理解青年时期的马克思的思想，那么，就必须将马克思思想的最初点置于其思想的整个过程中去。由此可以说，只要是研究马克思的人，对其早期著作就不应该采取轻视的态度。

目前国内学者对于马克思主义发展史上的一些重要文本进行了细致的研究和阐释，但是大部分研究都是集中在马克思的唯物史观、剩余价值学说，这也就造成了对于马克思青年时期思想的研究不够充分的局面。当然，对于青年时期的马克思的《博士论文》的重视更是远远不够，研究成果也显得十分单薄。众所周知，马克思的《博士论文》是其23岁时完成的第一篇比较完整地阐释自己哲学思想的文章。当时的马克思认为，古希腊哲学在亚里士多德以后的发展和黑格尔以后的“青年黑格尔派”运动有着某种类似，这种类似性可以说都是一个理论的宏大体系的完成之后的思想发展进程。由此，在《博士论文》中马克思指出亚里士多德以后的哲学体系是古希腊哲学发展的完成。正是因为晚期希腊时期形成的哲学体系是一种完结，因而其也就成了理解古希腊哲学的真正的历史的钥

① 马克思与古希腊的关系从某种意义上说是从他的《博士论文》开始的。可以说，马克思一直试图将古人的理想化置于现代自由主义真实可能性的框架之中，由此，如果离开了马克思所推崇的古典世界，那么对其思想的形成将不可理解。（参见［美］麦卡锡：《马克思与亚里士多德——十九世纪德国社会理论与古典的古代》，郝亿春译，华东师范大学出版社2015年版，第29页。）

匙。事实上，马克思的《博士论文》是马克思终生著述的思想起点和理论源头，在其《博士论文》中存在着很多马克思日后成熟思想的萌芽。由此，全面而深入地理解和研究这一早期著作对于研究马克思整体思想的形成有着深远意义。

马克思的《博士论文》选择从对德谟克利特和伊壁鸠鲁的“原子论”差别理解入手，在比较的基础上探讨了二者自然哲学的一致性和差异性，这一差别的理论间距和现实间距的比较性研究是完成对其重新理解和梳理的关键所在。可以说，马克思对于《博士论文》的选题更多的还是受到大学时期参与的博士俱乐部——“青年黑格尔派”的影响。值得考虑的是，马克思对自然哲学的兴趣贯穿着“自由的理论获取”和“自由的现实把握”的关系这一重大问题。事实上，马克思写作《博士论文》时的思路——对伊壁鸠鲁以“自我意识”的哲学原则对“原子论”这一探讨实体本质的理论，从离主体哲学最远的、属于自然哲学的领域，实行了原创性的改造，由此将“原子论”变为一种得以实现自由的“自我意识”哲学。马克思认为，伊壁鸠鲁的哲学与德谟克利特的哲学有着很大的差别，伊壁鸠鲁的哲学是属于独断论的“自我意识”哲学。可以说，这一关于伊壁鸠鲁哲学的基本定性不仅仅是来源于黑格尔的哲学思想，而更多的是受教于鲍威尔的。

青年时期的马克思所写作的《博士论文》的最初选题和最终形成都有着极其深刻的理论基础和现实动因。关于马克思为何选择古希腊时期两位自然哲学家进行比较来作为自己的博士论文题目，国内学者有很多种提法，而不论哪种猜测和论证都表明了古希腊时期哲学在马克思早期思想形成中的重要地位。事实上，西方哲学起源于奠立了西方哲学与文化传统的古代希腊罗马哲学。它在历史各个阶段都在激发着西方文化研究的活力并对西方哲学产生着极其久远的影响。青年时期的马克思认为，关于德谟克利特和伊壁鸠鲁的自然哲学的研究是古希腊哲学继亚里士多德之后的一个非常重要的哲学问题。事实上，当时马克思关于这一问题的论点与哲学史上的很多哲学家并不相同，可以说，青年时期的马克思对于伊壁鸠鲁哲学问题的见地已经超过了西塞罗、莱布尼茨甚至黑格尔。马克思始终将哲学与现实的人及其所生活世界相关联，这一点在其《博士论文》中就可以窥见一二。

青年时期的马克思选择了伊壁鸠鲁作为自己的研究对象并不是偶然随意的，正是因为马克思在伊壁鸠鲁的思想中看到了自由的可能性。事实上，马克思无论是对现实社会进行批判还是对未来社会进行构想，都是为了探索实现自由的线索。可以说，自由问题是马克思所关注的核心问题，而人的自由全面发展是马克思的终极理想。如果想要完整准确地把握马克思的自由观就必须认真研究其早期自由观思想，虽然早期自由观并不是成熟的理论样态但在其中可以看到马克思的思想形成轨迹和精神演进逻辑。众所周知，马克思不是自然而然创立了马克思主义，事实上，从他开始自觉的理论探索到真正马克思哲学的诞生的将近十年时间，马克思的思想经历了一个不断深化的过程，但是不论怎样变化，马克思从其青年时代开始就已经许下了为人类自由解放奋斗终生的壮志。事实上，马克思早期的自由观是随着他的世界观和政治立场的转变而不断转变的，在这一变化过程中增加了现实的内容和科学的因素。而马克思选择古希腊时期自然哲学家来进行研究是一项非常有想法的创举，因为当时大部分哲学家都认为古希腊时期的哲学是一个已经完成了的哲学体系。希腊化时期三大哲学流派的创始人，伊壁鸠鲁、芝诺和皮罗只不过是肢解和改变了原有的哲学体系而已。事实上，之所以有此种观点是因为当时的大部分哲学家都是在用古典希腊时期的传统哲学形态对希腊化时期的哲学形态进行着考量，而根本没有认识到一个问题，那就是——希腊化时期的哲学与古典希腊时期的传统哲学已经完全不是同样的时代背景和话语体系了。也就是说，他们完全掩盖了属于希腊化时期哲学所特有的、独立的存在价值，他们也看轻了这一哲学范式的转变对古希腊晚期的西方哲学甚至整个西方的思想史所产生的深远影响。由此，研究马克思的博士论文越深入就会越发现他选择伊壁鸠鲁哲学来批判德谟克利特哲学的深远意义。

## 二、马克思《博士论文》研究现状综述

### （一）国内研究现状

显而易见，青年时期的马克思的思想有着自身的不成熟之处，但是，在这种不成熟的思想中发现优点从而将这种优点进行放大才能更好地理解马克思是如何从不成熟时期进入成熟时期的，可以说，这也是研究马克思早期思想的意义和价值所在。马克思在其大学时代是以研究哲学为专业的，他的《博士论文》就是用辩证法观点来探讨古希腊自然哲学史上两位哲学家——德谟克利特和伊壁鸠鲁的原子论异同，并在这一过程中论证了伊壁鸠鲁哲学所包含的自由意志和无神论等观点。马克思在大学时期就开始关注“自由”这一主题，他用哲学的视角去论证自由的实现问题。当然，那时的自由只是纯哲学角度的自由，即从自由意识中去寻得自由。事实上，马克思的自由观有一个逐渐产生和成熟的过程，在这一过程中马克思经过探索确立了自己的唯物史观思想。

对于自由概念的理解，大家所熟知的是将其理解为对“必然性”的理论解释和现实改造。但是，由于人的生命活动中掺杂了对于价值的认同和关于情感的渴望等因素，这就使得自由不再仅仅只是纯粹的一种理论解释和简单的现实改造了。

也就是说，关于自由的理解必须要结合一定的历史语境。事实上失却历史语境融合的马克思必然会成为外在的、对象化的无思的现成物，这种情况的出现排除政治意识形态的原因，更主要的是源于方法论前提下的错误预设，即马克思是可以现成具有的，似乎只要翻看一套马克思恩格斯的全集，打开一部马克思的文本，其思想就会毫无遮蔽地在一个平面上全面展开，剩下的只是根据我们自身的需要任意对其进行同质性的抽取。若是能够以这种历史视域的视角去研究马克思的思想就会发现，马克思——并非只是原初的对象也并非仅仅是一种只是纯粹被阐释的历史人物，此时的马克思完全是一个崭新的、真实的、有迹可循的马克思。“马克思在由‘不成熟’到‘成熟’的思想行进中，是那始终属于他的某一思想生长点或精神性状决定着他前后大体一致的心灵祈求和探索方向。思想家的思想生长点或精神性状当然不像某棵树的生物性态那样易于直观，但由其自成一系的‘成熟’状态的思想向着其‘不成熟’期作审慎的回溯，总会捕捉到某种切近于它的灵动的消息。”[①] 事实上，“自由”始终是马克思哲学思想的核心，自由也是马克思毕生追求的理想生存状态，从这一点开始回溯，直到对马克思《博士论文》进行全面而深入的理解实在是一种必要而有意义

---

① 黄克剑：《走进早期马克思——兼论思想史研究中的一个方法问题》，载《哲学研究》，2003 年第 7 期。

的工作。下面我将从三个方面来介绍一下目前国内对于马克思《博士论文》研究的现状：

首先，在《博士论文》时期，马克思对于自由的理解的研究方面，有学者认为，古希腊是西方自由意识的发祥地，并且此种自由观念首先表现在人与规律和必然的关系之上。马克思盛赞普罗米修斯是“哲学中最高尚的圣者和殉道者”正是因为崇尚西方传统的“不自由毋宁死”的精神。但是，古希腊时期的自然哲学家德谟克利特始终认为由原子构成的人虽然有自己的独立性，可是，人是软弱无力的，正由于此，人是必须要依赖于社会和国家的，也正因为这种依赖关系使得国家的利益必然高于一切，社会自由也必然高于个人自由。在此，德谟克利特的自由观就表现出了旧唯物主义思想理论的不足之处。青年时期的马克思就对德谟克利特对于“偶然性”的忽视非常不满而对伊壁鸠鲁重视“偶然性”的理论大加赞赏。在这里，“对于苏格拉底对自我决定的意识的绝对权力，马克思与黑格尔一样也非常钦佩，称赞苏格拉底是一个英雄，他那种拥有自我确信的精神的绝对权力就是自由。亚里士多德认为人是社会的动物并且只有在社会与国家中才能实现自我，这一思想也得到了马克思的称赞，马克思认为以人为目的是崇高的”①。

① 陈刚：《古希腊罗马的自由观——青年马克思的哲学史研究》，载《学海》，1994年第1期。

在这里，希腊罗马哲学弘扬人的主体地位与自由的立场获得了马克思的强烈认同，事实上，青年时期的马克思对晚期希腊哲学家伊壁鸠鲁开始关注和进行研究的意义也就在于此。还有学者指出，“马克思自由观的形成和发展是一个历史过程，在不同的革命生涯和理论研究时期对自由问题的探讨也有不同的角度和方法，这不仅反映了马克思自由观形成和发展的轨迹也反映了他的自由观形成和发展的阶段性”①。马克思认为，“自由”不仅仅是一种存在状态更是一个历史过程。由此可以说，“自由”的理论实现和现实把握是随着生产力的发展而发展的辩证过程。事实上，马克思已经超越了黑格尔，并且将目光投向了意识之外，而不是像黑格尔一样只是在意识内部讨论自由的可能性问题。“马克思对于希腊哲学的研究，尤其是对伊壁鸠鲁哲学的研究正是其抵达现实的一种途径”。② 马克思《博士论文》的本质“并不是哲学史的而是哲学的，它实际上是马克思‘自我意识’哲学的哲学史实现”。③ 对于自由的理解，在马克思的文本中有着三种不同的概念，“其中作为自由意识的‘自由’在马克思的博士论文中可以找到佐证，原子的偏

① 钟明华、刘卓红：《马克思自由观发展的连续性和阶段性——马克思两部〈手稿〉中的自由观比较研究》，载《广东社会科学》，1991 年第 3 期。

② 吴猛：《“自我意识”的意义论内蕴：马克思博士论文的哲学视野》，载《复旦学报》（社会科学版），2010 年第 2 期。

③ 王浩斌、张亮：《马克思的自我意识哲学：起源、形成与特征——〈关于伊壁鸠鲁哲学的笔记〉和〈德谟克利特的自然哲学和伊壁鸠鲁的自然哲学的差别〉解读》，载《江海学刊》，2005 年第 3 期。

离直线运动可以直接理解为‘自由’的自由意识，但感性层面的自由不能满足马克思关于抽象自由的论述，正由于此，也就埋下了马克思与‘青年黑格尔派’分道扬镳的伏笔”[①]。当然马克思的自由概念还有作为权利的自由和作为一种存在方式的自由，这与马克思的《博士论文》相比有了进一步的深化，在此暂不赘述。

其次，在《博士论文》中马克思与普罗米修斯关系问题研究方面：有学者指出，普罗米修斯是马克思在《博士论文》中表达自身和“青年黑格尔派”政治吁求的象征。“马克思从伊壁鸠鲁‘原子偏斜说’的立论中论证了主观性的独立性，感性的‘自我意识’在感性自然中的唯一标准，奠定了在疏离化的社会时空中追寻各自自由的个人主观性资质”[②]。可以说，作为古希腊时期民主制的代表，普罗米修斯以一己之力对以主神宙斯为代表的奥林匹亚山上的诸神发起挑战注定是要以惨痛结局来收尾的。从某种意义上来说，为人类盗取火种的普罗米修斯在这里作为一名顺应历史潮流的悲剧英雄可以说是某种历史必然性的象征。但是，“马克思又认为遭到普罗米修斯的反讽、诘责，受了重伤的希腊诸神的命运也是悲剧性的。这是旧制度的悲剧。马克思高度赞扬普罗米修斯的英雄行为，肯

---

① 李志：《试论马克思文本中的三种自由概念》，载《哲学研究》，2012年第7期。

② 刘明艳：《普罗米修斯意象与马克思博士论文的实践吁求》，载《中国海洋大学学报》（社会科学版），2009年第3期。

定他的积极的美学意义的同时，又从另一角度肯定以宙斯为中心的诸神的历史悲剧性，兼而有之。这里体现了辩证统一的历史唯物主义态度，体现了马克思文艺批评的严谨性、严肃性”①。

最后，在《博士论文》中对德谟克利特和伊壁鸠鲁哲学的研究当中：有学者指出，“马克思的《博士论文》是一部关于自然哲学的著作，更重要的是，马克思在其博士论文中所阐述的辩证自然观，尤其是对于原子内部复杂结构以及必然性和偶然性的相互关系论述更是超出了那个时代所具备的科学思想”②。具体而言，马克思在原子的运动形式、原子的质和原子的两种规定性三个方面对德谟克利特与伊壁鸠鲁的自然哲学进行了比较，在这里，青年时期的马克思在阐述了伊壁鸠鲁原子论和德谟克利特原子论之间的差别之外，还进一步指出了自然哲学，即“原子论”上的差别所影响到的二者哲学思想上的差别——德谟克利特和伊壁鸠鲁虽然都是立足于唯物论之上但是伊壁鸠鲁却比德谟克利特多了一份能动的辩证因素。事实上，青年时期的马克思在其《博士论文》中论述的哲学对于宗教的批判以及哲学对于人类的救赎正是其整个思想形成的关

① 刘根生：《由马克思对〈普罗米修斯〉的批评所想起的》，载《河南社会科学》，1998年第1期。

② 张华夏：《现代自然科学与马克思的博士论文》，载《自然辩证法研究》，1993年第3期。

键之所在。众所周知，马克思在其《博士论文》中阐发了“自我意识”哲学，更通过慷慨激昂地宣扬“自我意识”哲学与大众宗教的对立细致入微地解读了伊壁鸠鲁的原子论以及逻辑缜密地阐明了哲学的现实化与世界化。

综上所述，国内学者对于马克思《博士论文》的关注更多的是集中于“原子偏斜”运动的研究，关于《博士论文》中出现的普罗米修斯、德谟克利特、伊壁鸠鲁三个人物对马克思早期思想形成的影响的关注相对较少。也就是说，从目前的研究情况来看，对马克思《博士论文》的全面性研究相对较少。

### （二）国外研究现状

首先，在马克思早期著作中所包含的神话元素研究方面：有学者将马克思的哲学思想置身于西方古典哲学和古希腊戏剧的传统之中加以分析，认为马克思的思想不只是受到现代自然科学的影响同时也深受古典思想中的神话传统影响。事实上，马克思在早年并不仅仅只是一位深受启蒙思想影响，追求对世界之理解的科学化，力图建立科学的理论体系的思想家，而是与此同时也得到了古希腊—罗马的古典思想、基督教传统乃至18世纪末兴起的浪漫主义的滋养。由此，本文将重点描述马克思思想中的希腊神话元素，即普罗米修斯神话的隐喻。从某种意义上来说，被束缚的普罗米修斯即是工人阶级的根本隐喻，而最终解放了的普罗米修斯就是共产主义的最终实现。众多材料和观点已经表明马克思青年时期受到了良好的古希腊文学艺术的教育和熏陶，因此，终其一生，古希腊时期的思想一致影响着马克思。有学者分析了马克思的生活背景及其在柏林大学的教育经历，马克思博士论文当中对古希腊唯物主义和正义思想的关注，马克思博士论文与他后期经济学著作的关系等等，在所有这些详尽的论述中，将亚里士多德的思想当作了进入马克思思想的一个“隐藏的内部结构”的入口。尤其是在这里，确切的指出马克思是如何通过伊壁鸠鲁来理解亚里士多德的。青年时期的马克思认为亚里士多德之后的哲学与黑格尔之后的哲学有着相似之处，而研究亚里士多德之后的哲学对于处于历史相似性中的黑格尔之后的哲学，即“青年黑格尔派”有着重要的理论意义和现实价值，这也是青年时期的马克思重视亚里士多德哲学的一个重要原因。

其次，在马克思早期思想中所包含的原子论思想研究方面：有学者指出，19 世纪的马克思比 21 世纪的我们更接近这些古希腊哲学家的著作，年轻的马克思研究了古希腊时期的德谟克利特与伊壁鸠鲁的自然哲学并累积了七本《关于伊壁鸠鲁哲学的笔记》，马克思在完成其博士论文的过程中不可谓不严肃，因此研究马克思的《博士论文》也是走进马克思的一个重要途径。在这里，马克思试图在尽力解释古代原子论哲学中提出了自己的哲学预设。马克思曾经指出，如果每个人都把古代人著作中他所不能理解的地方删掉，那么我们很快就会得到一张白板。由此，马克思不仅仅是顺从大部分人对于伊壁鸠鲁哲学的看法，而是在自己的博士论文 中展开了关于德谟克利特与伊壁鸠鲁自然哲学的比较，在这种比较中，马克思采取了一种不同的哲学的概念化方法，即，他没有着力去寻找二者自然哲学的相似性而是去发现二者自然哲学之间的差别和某种例外。在马克思的“显微镜式”的分析方法之下颠覆了以往对于伊壁鸠鲁哲学的简单看法，发现了伊壁鸠鲁哲学中创新之处，也就是原子偏斜运动。还有学者在追溯了德国启蒙运动、古典主义及浪漫主义以来德国人对古希腊时期诗歌、艺术和戏剧的热爱的进程，认为没有这种现代德国思想的深厚底蕴，19世纪马克思的思想形成将无法理解，可以说，德国人对古希腊的热爱就是从这一时期开始的。事实上，一直以来，“希腊在自由与必然和个体与社会之统一的伦理学方面被称作完美和普遍的形式”①。

最后，在马克思早期著作中包含的自由思想研究方面：有学者通过阐述马克思主义的诞生以及发展过程中自由思想对其产生的重要影响而提出马克思的思想是一个为人类自由而战的思想，与此同时，自由更是人类的本质所在和马克思主义所追

① ［美］麦卡锡：《马克思与亚里士多德——十九世纪德国社会理论与古典的古代》，郝亿春译，华东师范大学出版社2015年版，第5页。

求的终极目的；还有学者指出，古代人在那些有共同祖国的公民中间分享社会权力来获取他们所谓的“自由”，即以整体的形式来获取完整的主权自由，但是现代人的自由是需要享有保障个人权利的私人自由并将这种对获取私人快乐的保障制度称为自由，也就是说，个人自由是现代人的真正自由，而独立是现代人的标志。事实上，一直以来所谓的“自由”都仅仅是一种托词，其只有到民族成熟时才能收获。有学者注重细节并力图将马克思的生活点滴呈现出来，更有一些其所披露的事件在国内著作中鲜有出现，可以说，从这些细节就能够精准地把握青年时期的马克思在学习、生活、工作的过程中其自由思想的渐进过程。有学者提出要提炼出马克思思想中的自由理论，研究的主要目的是要考察和理解早期的马克思自由观，与此同时，还进一步研究了在马克思主义传统指导下的苏联的哲学家如何理解人类自由的各种形态和概念，接下来是要确定这些观点是否是绝对确定的，这种理解方式是否受到当代西方评论家的理解和批评。有学者关注的是最终的人的本质自由，其通过马克思的文本来理解一些问题，诸如人是否有选择的自由？自由是否兼容普遍决定论？自由意愿与普遍责任的关系是什么？这些问题必须在哲学领域进行解答。也有学者是在历史视域下进行并且希望能够在历史进程中找到这些问题的答案。有学者认为马克思是在进行解决人类命运的方案，在此，如果人的自由的社会没有了，那么人类的进步就可以说结束了。自由，一方面是尽可能完整地开发自然系的每一个人，另一方面，人的独立不是依靠自然和社会的法律而是取决于其他人类的意愿，不论是集体的还是个人的。有学者指出自由理论是马克思恩格斯无产阶级理论中最有趣的理论。自由理论的演进是马克思恩格斯无产阶级革命的重要理论组成部分，马克思不仅仅是一个马克思而是有更多的马克思，我们每个人去取得其中认为值得的一部分。事实上，可以从共产主义角度解释马克思的自由观，认为工人们如果能够自由地意识和实践，那么他们会倾向于采取实践的方式解决劳动效率问题，这样，就能够解决资本主义制度所具有的信息不对称的问题，从而在个人激励和自我实现需要的层面上使得工人得到认可而不是马克思所认为的利润。关于马克思与黑格尔的关系问题，他认为黑格尔的自由概念是丰富而又模糊的，其在人类历史占有的过程中认为政治和法律是自由的保证。而马克思继承了前辈哲学的自由概念，不论是从他喜欢还是讨厌的哲学家那里。

## 三、本书的研究方法、逻辑进路和视角创新

### （一）本书的研究方法

在研读马克思《博士论文》文本的过程中，本书始终是以一种阐释性的方法来进行解读，而非一种结论性导向的研

究，由此本书拟采用如下研究方法进行探讨：

1. 文本诠释法

本书是基于《马克思恩格斯全集》（第40卷）中的内容，对马克思的《博士论文》的主要内容进行了逐章逐节的分析和阐释，在考察了《博士论文》各个章节的内容之后通过整个历史时代背景和上下文语境的分析得出了青年时期的马克思关于自由如何“现实”获取的问题解答，并试图在整体性和历史性的逻辑框架之中对青年时期的马克思的《博士论文》在马克思整个思想过程中和整个西方哲学史中的地位进行了说明。

2. 双重解读法

在阅读马克思的经典著作过程中，不仅是逐字逐句地理解原文意思更是努力将文本中所缺失的部分解读出来。本书在研究马克思的《博士论文》文本过程中始终坚持这一研究方法，不仅仅只是在文本上加以详尽的解释更是紧密结合马克思当时所处的时代背景和现实环境，因为只有这样才能真正理解马克思创作《博士论文》时的情境和心境，才能更好地理解马克思早期思想的形成过程。

3. 历史与逻辑结合法

马克思《博士论文》中的理论思想形成与其所处的时代有着密不可分的联系。事实上，不论何种理论，其之所以能够成为一种科学理论，就是因为它们都有着现实感和历史感。对于马克思早期思想中的自由观来说更是如此。本文始终坚持理论研究与历史现实相结合的研究方法，只有这样才能实现真正的历史与逻辑统一、理论与实践统一、继承与创新统一，也只有不断联系当今实际才能使得马克思的自由观理论始终拥有强大的感召力和生命力。

### （二）本书的逻辑进路

本书主体部分共分为四章，从《博士论文》基调——“普罗米修斯情结”、《博士论文》研究方法——辩证法和“显微镜”式的分析方法、《博士论文》内容——德谟克利特自然哲学和伊壁鸠鲁自然哲学的比较以及《博士论文》意义——“现实”自由的获得这样四个切入点对马克思的早期著作《博士论文》进行了逐层分析阐释，以期对青年时期的马克思创作的《博士论文》进行一次完整而又深入的梳理。下面我将分别对全书各个章节的主要思想和内在逻辑进路加以简要的概述：

第一部分是绪论部分，分别阐述了关于马克思《博士论文》的国内和国际研究现状以及存在的相关问题和研究马克思《博士论文》的理论意义和现实意义。事实上，目前国内关于马克思《博士论文》的研究有这样几个主要观点。首先，是从当时青年时期的马克思如何理解自由观的角度对其加以阐释，此种观点认为青年时期的马克思认为以人为目的才是崇高的观点，正因为如此，弘扬人的主体地位与自由的伊壁鸠鲁博得了青年时期的马克思的精神共鸣，进而其观点得到马克思的充分赞同，马克思在其《博士论文》中充分研究伊壁鸠鲁自然哲学的意义也就在于此，即高扬人的“自我意识”；其次，是从自然哲学，即原子论的生发之立场对其《博士论文》展开解读，此种观点认为马克思的《博士论文》是一部关于自然哲学的著作，而马克思在其《博士论文》中所阐述的辩证自然观，尤其是对于原子内部复杂结构以及必然性和偶然性的相互关系论述更是超出了那个时代所具备的科学思想。在对马克思《博士论文》的研究成果中，从理解自由观的角度到阐释原子论的视角都是在对马克思的早期哲学思想进行的一系列的论述，围绕这些角度对马克思早期思想展开一个全方位的解读。

但是，国内学者对于马克思《博士论文》中所提到的普罗米修斯问题却重视不够，没有将其作为影响马克思早期思想形成的一个重要因素，这也可以说是目前国内对于马克思《博士论文》研究的一个理论不足之处。

国外对于马克思早期思想特别是其《博士论文》的研究者们始终认为，马克思在完成其《博士论文》的过程中治学态度严谨，问题导向明确，研究思路可行，可以说马克思的七本《关于伊壁鸠鲁哲学的笔记》就是明证，因此研究马克思的《博士论文》也是走进马克思的一个重要途径。首先是从希腊神话元素为切入点理解马克思《博士论文》文本，也就是阐述普罗米修斯神话的隐喻。在此种意义上，有学者认为，“被束缚的普罗米修斯即是工人阶级的根本隐喻，而最终解放了的普罗米修斯就是共产主义的最终实现”。事实上，持这种观点的学者曾指出，普罗米修斯反抗以宙斯为中心的诸神的斗争在马克思看来代表了历史的必然要求，由此可以说，普罗米修斯是顺应历史潮流的悲剧英雄。但马克思同时又进一步指出，希腊神话中的诸神命运同样是具有悲剧色彩的，例如那些受到普罗米修斯的诘责和反抗而受到重伤的诸神，事实上，所有这些悲剧的命运的产生都是由于陈旧的制度。从这里可以看出，马克思在高度赞扬普罗米修斯的英雄行为的同时又从另一个角度对以主神——宙斯为中心的奥林匹亚山上希腊诸神的历史悲剧性加以确认，在此，就完全展现了马克思日后思想成熟中的辩证统一这一历史唯物主义方法的萌芽。其次是从古代原子论哲学视角出发，由此可以解读“马克思是在尽力解释古代原子论哲学的过程中提出了自己的哲学预设”，即自由的诸种可能性。马克思可以说是在古代原子论的“原子偏斜”的理论处指证自由，他并没有沿袭当时流行的关于德谟克利特与伊壁鸠鲁自然哲学关系的论点而是客观冷静地分析了两者的差异。正如马克思自己曾经指出的那样，如果每个人都把古代人著作中他所不能理解的地方删掉，那么我们很快就会得到一张白板。由此，马克思没有顺从大部分人对于伊壁鸠鲁哲学的看法，而是在自己的博士论文中展开了关于德谟克利特与伊壁鸠鲁自然哲学的比较，在这种比较中，马克思采取了一种不同的哲学的概念化方法，这种本质性的方法就是他不再仅仅是关注相似性，而是去发现两种哲学的差别和例外。马克思研究伊壁鸠鲁派是看重了其中的可能性，即自由。最后是从哲学史角度去理解马克思的《博士论文》，通过这一视角，学者有了新的理论发现，比如，将亚里士多德的思想当作了进入马克思思想的一个“隐藏的内部结构”的入口来理解马克思的早期思想，由此看出青年时期的马克思是如何通过伊壁鸠鲁理解亚里士多德的哲学。事实上，青年时期的马克思认为亚里士多德之后的哲学与黑格尔之后的哲学有着相似之处，而研究亚里士多德之后的哲学对于处于历史相似性中的黑格尔之后的哲学，即“青年黑格尔派”有着重要的理论意义和现实价值，这也是青年时期的马克思重视亚里士多德哲学的一个重要原因。由此可以更进一步地说，马克思在考察伊壁鸠鲁哲学、德谟克利特哲学与亚里士多德哲学的关系过程中也是在反身考察自己与黑格尔哲学及其追随者——“青年黑格尔派”的关系。

第二部分是关于马克思《博士论文》的基调，即普罗米修斯情结。此部分通过为马克思早期思想中的救赎情结的发掘阐释了在其中隐藏的普罗米修斯精神要素。众所周知，埃斯库罗斯创造的悲剧英雄普罗米修斯是对人类充满感情并为人类造福的英雄，宙斯将普罗米修斯困在高加索山上使其失去了自由，可以说，高加索山上的困住普罗米修斯的岩石就是这个世界的“必然性”存在，它使得人类失去了自由的可能性从而深陷在“命运”的旋涡里。但是普罗米修斯并不会屈服这必然的命运，这也正是马克思对待“必然性”所持有的态度，马克思在被缚在高加索山上的普罗米修斯的不肯屈服的精神里看到了一种争取自由的激情和取得自由的可能性。可以说，这位对人类充满了恩德和挚爱的神是古希腊人崇尚勇敢，追求正义的完美体现，普罗米修斯身上所具有的仇视专政，敢于牺牲的精神也正是马克思所向往和崇拜的，也正因为此，马克思在其《博士论文》中称赞普罗米修斯为“殉道者”。可以说，正是马克思青年时期的这种情结才使得他许下了为人类谋取自由的宏愿。因为马克思是研究哲学的博士，所以在马克思的《博士论文》中他始终是在进行着哲学的一种陈述，由此可以看出，马克思是将普罗米修斯的那种反叛精神归结到了哲学要完成的任务中，对于求学时期的马克思来说，人的“自我意识”早已成为自己所拥有的神性象征并且成为可以改变世界的绝对力量，所以在写作《博士论文》之时，马克思更加强调人的“自我意识”。哲学在此种意义上就是要反叛众神以回到自我意识本身之中，这样一种对于普罗米修斯的情结也就构成了马克思《博士论文》的基调。

第三部分是关于马克思《博士论文》研究方法的理解，即辩证法和“显微镜”式的分析方法的阐述。对于辩证法，马克思在其《博士论文》之所以运用了这一方法正是因为其曾一度参加过“青年黑格尔派”运动，而“青年黑格尔派”非常注重黑格尔的辩证法并力图在其中得到无神论和革命的结论。由此，马克思在其《博士论文》中充分应用了黑格尔的辩证法对古希腊时期的原子论进行解读。他表示：伊壁鸠鲁的观点代表了人类知识水平的进步以及人类自我意识过程中更高级的阶段，这里就是运用了黑格尔的辩证法。马克思在《博士论文》序言中就指出了黑格尔由于他的哲学史的庞大使得他不能够深入研究个别细节。因此，在进一步对德谟克利特的原子论与伊壁鸠鲁的原子论进行比较之时，马克思则运用了他所谓的“显微镜”式的分析方法，也正因为如此他才能较为清晰地看出两者之间的细微差别从而得出伊壁鸠鲁哲学是创新之说的结论。事实上，在马克思看来，伊壁鸠鲁哲学中的“原子偏斜论”可以说是古代原子理论的一种最高表达，这也就进一步表明了德谟克利特的自然哲学与伊壁鸠鲁的自然哲学的原则性差别。

第四部分是关于马克思《博士论文》主要内容的解读，即古希腊自然哲学家德谟克利特和晚期希腊自然哲学家伊壁鸠鲁之间的差别。马克思在其《博士论文》序言中开篇就提出：“我认为在这篇论文里我已经解决了一个在希腊哲学史上至今未解决的问题。”马克思当时作为“青年黑格尔派”的最不拘一格的成员，其最明显的态度就是推翻经典，他在其《博士论文》中试图发展出一套新的、不同的解释并以此推翻长期以来建立起来的学术观点。以往的学术观点认为：亚里士多德之后的希腊哲学家都是微不足道的，而伊壁鸠鲁的原子论就仅仅是对德谟克利特原子论的抄袭。马克思想要证明的观点恰恰与此相反，他认为，伊壁鸠鲁的哲学具有深刻的创新性，其重要性远远超过了德谟克利特。在其《博士论文》中，马克思首先指出了那些认为伊壁鸠鲁的哲学观点仅仅是简单的剽窃德谟克利特的观点的说法是不足取的，然后又对伊壁鸠鲁的哲学进行了细致的分析，从原子的三种运动方式看到了“偏斜”运动的意义之所在，同时通过对原子排斥的论述引出了自由意识的思想，伊壁鸠鲁不仅仅重视原子的质也重视原子的个别性。马克思就此指出：正如点在线中被扬弃一样，每一个下坠的物体也在它描绘的直线中被扬弃。事实上，每一个处于下落过程中的物体也就是一个运动着的点而已，与此同时，这还是一个完全失去了独立性的点，也就是说，这是一个在一定的存在之中失去了自身独有的个体性的点。在此，对于直线运动的否定形式就是除此之外的另一种运动——偏离直线的运动。

第五部分是关于马克思《博士论文》的意义的深层解读，即“现实”自由的获得。马克思《博士论文》的完成使得他对古希腊哲学史进行了一次深入而又翔实的研究，对其今后的思想发展之路有着重大的理论意义和现实意义。马克思在其《博士论文》中的阐述只是借助于对晚期希腊时期几个哲学人物的思想评点展开的，其中就有对伊壁鸠鲁的理解以及对自然运动的解释，还有其对“偏斜”运动的理解，这里虽然是有着自由和突破决定论的思想意蕴但是此时的哲学观点还都仅仅是在《博士论文》的内部进行着，似乎与外界现实无关。事实上，马克思青年时期那些对现实的批判仅仅是在《博士论文》中进行的并且是在其理论研究中展开的，因此可以说还远没有达到真正的批判的深度。但是，马克思对自由的追求和渴望构成了其一生的事业追求，关于如何获得自由的思考也始终存在于马克思的思想理论之中，可以说，正是马克思对自由的追寻才使得他的哲学超越了以往的思辨哲学从而达到了一个新的高度。由此，马克思在其《博士论文》中探讨的自由问题也对其今后的思想发展有了极大的现实意义。

事实上，马克思的早期著作充满了可挖掘的丰富性和细腻性，只有通过详尽的分析才能揭示出那些隐藏在古希腊思想中的伦理根基对于马克思思想形成的影响。作为古希腊文学作品中的神话人物普罗米修斯一直是马克思所尊崇的偶像，这对马克思精神气质和志业追求的形成也产生了深远的影响，古希腊哲学家德谟克利特作为朴素唯物主义的代表人物对马克思后来形成的唯物主义立场也有着长足的影响，晚期希腊哲学家伊壁鸠鲁强调“个体自由”的思想对马克思的影响也是不容小觑的。正如乔纳森·斯珀伯所言：马克思不是我们同时代的人，也不是预知今时的先知，而是一个历史人物。尽管其所处的19世纪已经离我们远去了，但是这段历史仍然是十分有趣并值得研究的，只有注意到那个时代与现代的差别才能使得后者具有自己的特色，也只有从马克思所生活的时代背景去看待马克思才真正有助于确实看清楚我们当今社会的种种现实。

### （三）本书的视角创新

本书对马克思的《博士论文》进行了一次全面而完整的梳理，并试图以此寻得一种理解马克思早期思想形成的新视角和新思路。之所以说是一次全面而完整的梳理是因为以往对马克思《博士论文》的研究大多注重伊壁鸠鲁的“原子偏斜”论证而忽视了马克思《博士论文》中的另外三个论证，即“原子的质”“时间”和“天体现象”的研究。与此同时，也轻视了普罗米修斯对马克思《博士论文》思想形成的影响力。事实上，马克思的《博士论文》中有三个人物对其早期思想形成起到了重要作用，即，古希腊文学作品中的神话人物普罗米修斯，他一直是马克思所尊崇的精神偶像并对青年时期的马克思精神气质和志业追求的形成产生了深远的影响；古希腊自然哲学家德谟克利特，他作为朴素唯物主义的代表人物对马克思后来所形成的唯物主义立场也有着长足的影响；晚期希腊自然哲学家伊壁鸠鲁，他高扬“自我意识”和强调个体自由的思想对马克思最终思想形成的影响也是不容小觑的。

由此本书着重从普罗米修斯、德谟克利特和伊壁鸠鲁三个人物出发来理解马克思的《博士论文》，通过对马克思《博士论文》的研究基调即青年时期的马克思的“普罗米修斯情结”的阐释，对《博士论文》主要内容，即德谟克利特的自然哲学和伊壁鸠鲁的自然哲学之间差别的解读，进一步论述马克思《博士论文》的意义，也就是关于自由如何获得的问题，并试图以此寻得一种对马克思早期思想形成的新思路和新视角。

# 第二章　马克思《博士论文》基调

## ——“普罗米修斯情结”

作为心理学术语的“情结”是指一种深藏在一个人心理状态中神秘、强烈而又无意识的冲动。情结无论是在弗洛伊德体系中还是在荣格体系中都是非常重要的心理分析的方法，荣格认为，情结在具有情绪色彩的同时也是心理生活的重要组成部分。事实上，在马克思的早期思想理论结构中就蕴藏着一种英雄情结，其中最有代表性的就是马克思《博士论文》中对于古希腊神话人物普罗米修斯的崇拜。

自从17世纪以来，“人”在普罗米修斯神话中的重要性越来越得到凸显，这就使得普罗米修斯成为了极其强调“自我”的知识分子诉诸自身精神，改善文化处境的象征，它也开始作为一种精神的代表，即精英阶层渴望知识，与蒙昧主义进行抗争的代表。正是因为这种原因，普罗米修斯精神在德国狂飙运动、英国浪漫主义运动中产生萌芽。青年时期的马克思在创作《博士论文》时就处于这样一种时代背景之下，也就使得其博士论文有着一种深嵌其中的基调，即“普罗米修斯情结”①。

哲学的起源与寓言、神话和宗教密切相关，它们都有着一个共同的来源，而神话传说是古希腊文学、艺术、宗教和哲学的沃土。事实上，神话是人类童年时期的文学样式，是人类思维形式中最古老的。可以说，哲学与诗歌一样，都是孕育自神话之中，都具有形上之维。而马克思身上所具有的浪漫气质更是源自于其天赋和禀性，在马克思青年时期的诗歌中不仅可以看出其表达爱意的词句还可以看到其世界观和价值观的流露。按照浪漫主义的说法，诗歌是人类本性的重要体现之一，而马克思青年时期的诗歌更是其思想本质的一种深层次表现，可以说，诗歌中的救赎情结是研究马克思早期思想的重要因素。当然，马克思是无神论者，在这里探讨马克思早期思想中神话元素似乎是自相矛盾并且有些荒谬的，但事实上已经有很多西方学者发现了马克思思想中的这一隐藏元素。翡萨德就曾经指出，“揭示出马克思思想中的神学结构并不是看上去的那么矛

① 事实上，此处的“普罗米修斯情结”指的是一种神话渗透进现实的体现，即普罗米修斯的堕降、痛苦、最后又获得自我拯救，这出神话建构的一种模型启发了马克思的马克思主义，由此，普罗米修斯构成了一种神话——诗歌象征，尤其是构成了马克思思想的根本隐喻。在马克思的《博士论文》中，他把普罗米修斯奉为了哲学圣徒并且热情洋溢地称赞了他（参见［美］维塞尔：《普罗米修斯的束缚——马克思科学思想的神话结构》，李昀、万益译，华东师范大学出版社2014年版，第69页。

盾，因为，如果在马克思主义里寻找的不是关于资本主义的科学分析，即吸引那些政治经济学研究者的部分，而是寻找一种全新的世界观的萌芽，你至少就会发现，矛盾只是表面的，背后隐藏着深刻的真理”[①]。基于这一思路，马克思也就在此建立了一种全新的世界观，即实现全人类的彻底的解放。

那么，到底什么是神话呢？神话学研究史中对神话下了一个简明的定义，即是关于神的故事，讨论神话的人也必须讨论神。神话学这一学科是宗教学的一个组成部分，由此，关于神的传说与关于神的教义是联系在一起的。事实上，神话思维是植根于人类思维之中并融于人类心理结构之内的，否则自称理论科学性的马克思为何会将神话融入自己对世界的理论思考之中呢？在马克思哲学里，神话思维与科学思维可以说是能够相容的。事实上，神话学可以说是一种以人的方式塑造神性的东西并使人保留自身自由的人道的艺术。

马克思没有专门对神话进行过研究和立著，但是他终其一生的写作生涯中每每对神话的引用都是信手拈来，恰到好处，这也说明了马克思对古希腊神话的熟稔。马克思对于神话的看法大多数存在于《〈政治经济学批判〉导言》中，他认为神话无非是运用人的想象力对自然加以支配，表现了一种人类对自由的渴望。马克思认为古希腊神话是希腊艺术的素材来源和生

---

① Gaston Fessard. *The Theological Structure of Marxist Atheism*. NewYork，1966，p. 7.

长土壤，神话的思维方式影响了后世的艺术创作和思考模式。事实上，每一个民族都拥有自己的神话，大致可以分为希腊神话、北欧神话、埃及神话、希伯来神话、印度神话和中国神话，所有的这些神话都是人类在自己的地域之内根据想象创造出来的，但是，只有希腊神话拥有这蓬勃的生命力，不仅仅影响了欧洲的文学艺术走向甚至影响了美洲乃至亚洲的文学艺术。希腊神话流传至今得益于荷马的两部史诗《伊利亚特》和《奥德赛》，还有埃斯库罗斯的作品《被缚的普罗米修斯》和《俄瑞斯忒斯三部曲》、索福克勒斯的《俄狄浦斯王》以及欧里庇得斯的《美狄亚》等作品。正是在这些文学作品中使得希腊神话得以完整的保存下来，形成了具有谱系性的体系同时也使得人们可以看到古希腊人当初的生活面貌和思维方式。

在世界文明史上，古希腊文明可以说是欧洲文明的发源地和摇篮。事实上，起源于希腊远古时代的古希腊神话始终是在口口相传之中流传下来的，其事实上是古希腊人的智慧结晶和集体创作。能够流传至今的古希腊神话最早的是出现在《荷马史诗》中，在荷马之后，古希腊人赫西奥德的长诗《神谱》紧接着出现了，有很多文学作品也都在演绎着希腊神话。事实上，古希腊人并不赋予神过分的崇高性，他们虽然崇拜神，但是并不把神当作一种权衡道德与否的实际标杆儿而只是将神明们当作自身俗世生活的一种反映。事实上，古希腊时期所产生的神话也可以说是以象征手法记录了人类的发展史，古希腊人借用英雄传说来隐喻人类的发展。可以说，希腊神话就是关于当时发生的重大事件的一种艺术式的夸大，对于古代希腊人来说，流传下来的神话可以说就是由于当时百姓的天真和无知而将其进行改动后的实相。而就希腊神话的真正本质来看，实际上原本就不存在什么奇特的事情，比如英雄的名字、英雄家族的谱系，从这层意义上来说，那些希腊时期的神话中很多小细节就都可以理解为是真实存在过的。例如，英雄传说中的海格立斯立下十二件大功——杀死一条巨大的九头水蛇。经过意大利史学家维柯的考证，他认为这个神话故事实际上是暗示了人类所走过的文明历程，即，涅墨亚雄狮是大森林的象征，九头水蛇是沼泽地的象征，杀死九头水蛇就意味着人类依靠自己的双手，依靠自己的劳动征服了大森林，从而走入了农业文明的一个历史进程。又如，英雄传说中的提修斯杀了米诺托牛，则是暗示了雅典王子提修斯铤而走险来到克里特岛获取航海术的这样一段真实历史。再如，闻名遐迩的神话故事，三美神金苹果之争，则是关于土地的平等权益的一场争端的隐喻。那场因此而引发的著名的特洛伊战争则是古希腊时期为拓展自身的生存空间进而谋求海外统治权的一段真实的历史，通过人们的考证，证实了这一历史事件发生的时间大约在公元前 1250 年左右。随着十九世纪英国的伊文思博士成功地发掘到了历史遗迹——阿伽门农王宫，更是进一步地证明了流传于民间的神话传说的许多观念，到此，神话终于获得了讲究实证的历史学家们的认可进而成为了不可替代的人类“自我意识”产生和独立精神觉醒历程的活化石。

总而言之，希腊人将自己的文化有意识的置于神话中流传下来，这具有极大的历史价值。希腊神话具有一个理想特点，就是英雄人物大多数都是从少年时代就开始建功立业并具有非凡的天赋，但是这些英雄人物不是不问世事的，它们同样具有人类的情感。埃斯库罗斯创造的悲剧英雄普罗米修斯就是对人类充满感情并为人类造福的英雄，事实上，这位对人类充满了恩德和挚爱的神是古希腊人崇尚勇敢，追求正义的完美体现，普罗米修斯身上所具有的仇视专政，敢于牺牲的精神也正是马克思所向往和崇拜的，也正因为此，马克思在其博士论文中称赞普罗米修斯为殉道者。普罗米修斯的神话是极其磅礴的，其为了理想不惧牺牲的精神也深深地吸引着人们，欧洲文学艺术家都在自己的不朽之作中引用了普罗米修斯的形象，其中就有莎士比亚、拜伦、雪莱等作家，这些作家的引用使得普罗米修斯成为了不惧险恶地铲除社会罪恶势力的一种象征，成为了人们依靠的、生命活力的一种源泉。马克思也不例外，他同19世纪很多文学作家一样崇敬普罗米修斯的英雄行为，也在自己的作品中引用并高度赞扬普罗米修斯。由此可见，马克思在古希腊神话这一独特的精神遗产中汲取了很多营养来创造自己的学说。

众所周知，悲剧是西方文明中最具有特色的艺术形式，而关于悲剧的主题，往往是人类对于充满必然性的命运的奋力抗争，虽然这种抗争多以失败告终，但是这一抗争的过程和明知不可为而为之的勇气正是悲剧精神的意义所在。古希腊文化中的很多神话故事就都是悲剧性质的，普罗米修斯在希腊神话中是一位聪明并且狡黠的神，他的三个兄弟阿特拉斯、墨诺提俄斯、厄庇米修斯都曾经由于忤逆众神之王——宙斯而受到了惩罚。事实上，普罗米修斯与宙斯的较量一直没有停止，普罗米修斯为人类盗取火种而受到宙斯惩罚被缚在高加索山上的悲剧正是体现了一种抗争精神和不屈意志。

普罗米修斯神话是古希腊神话的组成部分，而古希腊“悲剧之父”埃斯库罗斯也对普罗米修斯神话十分钟情，正是这一钟情使得普罗米修斯这一题材在其作品中反复出现。埃斯库罗斯的作品《波斯人》后的“萨图罗斯剧”就是——萨提尔赞扬普罗米修斯对人类恩惠的一个片段的作品《普罗米修斯——点火者》。埃斯库罗斯作为古典时代雅典著名的悲剧作家，被誉为自由的歌手，他创作了悲剧三部曲《俄瑞斯忒斯》，在埃斯库罗斯著名的《阿伽门农》中他大胆探讨了为了城邦之利益能否就剥夺一个人的生命？埃斯库罗斯在悲剧中为个人自由大声疾呼。而埃斯库罗斯作品中的普罗米修斯正是以人类的恩神形象出现的，是埃斯库罗斯追寻自由的一种代表，这种隐秘的价值追求在马克思那里得到了充分的展现。

在埃斯库罗斯笔下，普罗米修斯为人类谋取福利而使得自己被缚于高加索山之上，他的反抗精神和不屈意志影响了很多人，这其中就包括青年时期的马克思。正是因为埃斯库罗斯第一次将普罗米修斯的形象划定出了反抗的界限，他才得以在神话故事中不再仅仅只是简单的抽象的艺术形象，与奥林匹亚山上的众神一样，不论是宙斯还是普罗米修斯，他们都拥有着古希腊时期的神明们所不能避免的一种缺憾，也就是说，他们作为神来说也是不完美的，都是在各自不断节制自身缺点的艰难进程中才慢慢地形成了某种意义上的和谐。正是埃斯库罗斯对于普罗米修斯形象的塑造，在表现他对众神之王——宙斯所进行的激烈的反抗的形象才使得其无可厚非地成为了西方经典形象史上的首创者，这一形象所造成的影响源远流长。

对于马克思而言，哲学一词就不仅是一种价值更是一种绝对神圣的价值。而征服世界的力量在年轻的马克思心胸中激荡着，对于他来说，探讨哲学的冲动即是认识实现了的征服世界的力量，也就是对自由的意识。马克思是具有浪漫情怀的，在1833 年到 1837 年期间，马克思创作了大量的诗歌。[①] 其中一

① 马克思对于诗歌，不论是创作还是引用都是意味深长的，他一直认为像莎士比亚一样的诗人完全可以用诗歌去捕捉事物的本质存在，同时也可以用诗歌充分表现这种本质存在。（参见［美］维塞尔：《普罗米修斯的束缚——马克思科学思想的神话结构》，李昀、万益译，华东师范大学出版社 2014 年版，第 299 页。）与此同理，本文一些关于马克思的诗歌的引用该也可以起到相同的效果，即能够生动并且形象展现出马克思对于其所表述思想的本质。而马克思所创作的诗歌则完全可以作为其哲学思考的一个背景之一。（参见［美］维塞尔：《普罗米修斯的束缚——马克思科学思想的神话结构》，李昀、万益译，华东师范大学出版社 2014 年版，第 125 页。）

首诗歌《人生》则展现了客观必然性压迫人类的方式：

> 生就是死，
> 生就是不断死亡的过程；
> 人们奋斗不息，
> 却难以摆脱困顿
> ……
> 人贪婪追求的目标
> 其实十分渺小；
> 人生内容局限于此，
> 那便是空虚的游戏。①

在这首诗歌中，马克思所描述的这种客观性就是人类永远被绑在了上面的“存在的大理石”②。正是普罗米修斯那种自我遭受苦难又寻求解放的痛苦的具体表现。但是，普罗米修斯是唯一能够在宙斯强权统治下继续保持着自身无上的地位并与此同时能够在阻止宙斯对泰坦族类的迫害过程中幸存下来的人。止于此，关于普罗米修斯的神话也就深刻地证明了宙斯统治人类的权力可以被限制。这也就是为什么这个被缚在高加索

---

① 《马克思恩格斯全集》第1卷，人民出版社1995年版，第916页。

② ［美］维塞尔：《普罗米修斯的束缚——马克思科学思想的神话结构》，李昀、万益译，华东师范大学出版社2014年版，第135页。

山岩、洞察宙斯秘密弱点的普罗米修斯能够成就关于“自由”的根本隐喻的原因。

## 一、马克思的成长家庭[①]——“普罗米修斯情结”初见端倪

追溯马克思的成长时期，可以发现他有着浓厚的“普罗米修斯情结”，即一种对苦难大众的同情和由此产生的反叛精神。中学时期的马克思在其毕业作文中写道：青年人在考虑选择什么样的职业时必须要遵循的首要原则是——人类的幸福和自身的完美。事实上，我们只有为与我们所处的相同时代人的幸福而进行工作才能使我们自己也进一步达到完美。众所周知，历史只认可这样的人物是高尚的、伟大的、受人敬仰的人，即为人类共同目标而进行劳动的人；经验只称颂这样的人物是幸福的快乐的人，即为绝大部分人带来幸福的人；宗教本身也只讴歌这样的人物是应该受到人类敬仰的人，那就是曾为人类奉献了自己的人。在这篇作文中，中学时期的马克思就已经确立了自己一生的追求——为人类的幸福和自身的完美而工

① 此处的“成长家庭”意指马克思从小所成长的有父母照顾的家。在心理学领域，这种家庭称为“原生家庭”，而“原生家庭”对于一个人的个性、情绪、人格的塑造都有着重要影响，人在“原生家庭”中所形成的情感习惯与思维模式就叫作“原生情结”。事实上，“原生家庭”是影响人们最早也最持久的一个环境。

作。事实上，马克思对于自由的追寻也在此时初见端倪，马克思写道：自然在动物那里仅仅只是划出一个它们应该遵循的范围，而动物们从来不会想过跨出这个界限，动物们也不会想到要去追求是否有其他界限在这个世界上存在。可是，与动物们不同的是，人类始终有着一个共同的目标——使人类和他自己都能够趋近崇高。可以说，马克思在其中学时代就有了如此崇高的为人类的幸福工作的理想，这与其具有的浓厚的关于赎救的普罗米修斯情结是密不可分的。在写作《博士论文》之时，马克思更加强调人的“自我意识”，对于求学时期的马克思而言，人的“自我意识”已经成为自己的神性，成为征服世界的自有力量。

事实上，普罗米修斯在 18 世纪的德国语境中就是有着英雄色彩的反叛形象的代表。马克思曾指出，人类的天性就是要为同时代人的完美，为了同时代人的幸福而进行工作。就像在其《博士论文》中提到的，“渎神的并不是那抛弃众人所崇拜的众神的人，而是把众人的意见强加于众神的人。”[①] 马克思在其《博士论文》的序言中援引了普罗米修斯的话，即“总而言之，我痛恨所有的神”，1841 年的马克思也许是在这句话中读到了与自己内心想法相投的一种情绪。

马克思《博士论文》的基调是一种萦绕于青年时期的马

① 《马克思恩格斯全集》第 40 卷，人民出版社 1982 年版，第 189 页。

克思心中的“救赎情结”，这一情结表现在其《博士论文》中就是对于普罗米修斯的崇拜，本文将通过对青年时期的马克思所处的时代背景和家庭环境的阐述来解读他的这种情结。马克思《博士论文》的研究方法主要是黑格尔的辩证法与“显微镜”式的分析方法，作为“青年黑格尔派”的一员，马克思熟练地运用了辩证法来对德谟克利特的自然哲学与伊壁鸠鲁的自然哲学进行了分析，并通过“显微镜”式的分析方法发现了伊壁鸠鲁自然哲学的创新之处。马克思《博士论文》的内容就是关于德谟克利特自然哲学与伊壁鸠鲁自然哲学差别的研究，青年时期的马克思在其《博士论文》中详尽地分析了两者的种种差别并且高度赞扬了伊壁鸠鲁自然哲学的“原子偏斜”理论并认为这是其超越德谟克利特自然哲学之所在。马克思《博士论文》的意义可以说就是使得“现实”自由得以实现。事实上，青年时期的马克思虽然赞同伊壁鸠鲁的自由理论，但是他也发现了伊壁鸠鲁哲学中所存在的矛盾，马克思并不赞同伊壁鸠鲁那遁入内心以获得宁静的做法，马克思所要追求的是“现实”自由。可以说，马克思终其一生所关注的人类的自由和解放问题在其早期哲学著作《博士论文》中就有了比较深刻的分析和有待于发展的线索，同时在其中也展现出了青年时期的马克思对哲学问题所理解的历史高度与理论深度，并在此前提下，进一步体现了马克思思想成长的哲学跋涉印记以及由此所可能达到的思想境界。

马克思《博士论文》是其终生著述的思想起点，无论他当时的思考是否有了明确的答案或是与后来的思想发展有着怎样的不同，当时的马克思能够进行这种独立思考就已经完全体现出了一定的哲学高度和思想境界。虽然在其《博士论文》中有很多想法是朦胧且模糊的，但是这种不成熟正是其日后思想成熟的一个基准线，正是由于青年时期的马克思在写作《博士论文》过程中的勤学苦思才使得其日后形成的唯物史观有了坚实的理论基础。可以说，深入理解和研究马克思《博士论文》中的思想对于研究马克思整体思想的形成具有深远意义。

通常情况下，最深的感情往往最少被提及而只在偶然被谈及或者被忽略的典故中指出关键之所在。也正是由于前提本身一般无须明说所以就导致其很难被发现，“正如马克思选择普罗米修斯作为英雄形象一定是非常有理由的，但是他并没有给出解释”[①]。可是，“马克思谙熟莎士比亚的戏剧，每年都阅读埃斯库罗斯的作品，沉醉于歌德，并且知道古希腊文版本的亚里士多德著作最难的篇章的具体位置”[②]。与此同时，马克思在其著作中经常引用这些作品以及相关的内容。可以说，马克思对宗教和其他异化形式的批判是带着一种浓浓的人道主义关

---

① Loydd. Easton Kurt H. Guddat. *Writings of the Young Marx on Philosophy and Society*. Anchor Books, 1967, p. 5.

② David Mclellan. *Karl Marx*: *His Life and Thought*. Harper, 1973, pp. 15、22.

怀的，马克思的批判不仅是为了科学的目的也不是受形而上学的驱使，马克思是在寻找可以带领人类走上解放之路的方向。由此，马克思的哲学表现出了与神话、宗教相类似的表达方式和内在特性。

在这里要进行说明的是：马克思虽然是无神论者，但是这并不妨碍他运用神话中英雄形象来表达自己的精神诉求，而人类的恩神——普罗米修斯就是这样一位被马克思选中的可以为马克思带来力量的神话英雄。

当然，如果想要真正地理解马克思的思想，不仅要了解它们产生的知识背景更要在广阔的时代背景中去理解。马克思的出生家庭、学校教育、父母影响、婚姻生活等等都是理解马克思思想不能缺少的部分。1818 年，马克思出生在德国西南部城市特里尔，可以说——在此之前 30 年的革命暴动与反革命镇压行动完全地塑造了他父母的人生轨迹，同时也深深地影响了他们对于青年时期的马克思的教育方式。马克思的出生地特里尔是一座由罗马人建造的非常古老的城市，19 世纪 40 年代期间，这座城市到处是大片大片的空地而其中一些被用来耕作而另一些干脆被闲置起来。这座城市与天主教教会有着密切的联系，因为特里尔自从古罗马时代开始就是基督教的一个非常重要的传播中心，天主教在这座城市深深地扎下了根。在 1789 年法国大革命之前的整个欧洲大陆基本都是这样一种情况。特里尔地区的等级划分与现代自由社会相距甚远，在这种等级社会中，犹太人是一个特殊的群体，他们的法律地位是由宗教信仰来决定的。在特里尔地区，犹太人不仅要缴纳“保护金”来取得在辖区的居住权还要有“新年捐助”。与此同时，“犹太人规范”还要限制犹太人的职业，在这样的社会环境下，卡尔·马克思的祖辈们是出自一个特殊的群体，即“拉比”——就是在特里尔城里具有影响力的犹太人，他们大多数是批发商或者专业人士。时间来到1797年，特里尔地区正式划入了法兰西共和国，等级社会中受特许令保障的所有特权即将被一种新的体制所取代，这种新体制规定，法律面前公民一律平等，人们可以自由选择职业。这一新制度的颁发得到了特里尔地区犹太社区家族的大力支持，这其中就包括卡尔·马克思的叔叔——塞缪尔·马克思，也是一位拉比。到此，这个家族已经决定用马克思作为家族成员的姓氏。在塞缪尔·马克思带领下，特里尔地区的犹太人开始号召以公民身份效忠国家，通过服兵役的方式服侍拿破仑皇帝，不放高利贷，避免有问题的商业行为，同时要让后辈取得一技之长。在这次行动中，亨利希·马克思是塞缪尔·马克思的得力助手。1811年，亨利希·马克思离开了特里尔来到了奥斯纳布吕市，在那里，他开始计划从事公证人一职，可是这里也充满了对犹太人的敌视。1813年初，亨利希·马克思再次搬到了莱茵兰地区，在科布伦兹法学院开始学习法律并且最后拿到了“能力认证”。可以说，法国大革命为亨利希·马克思提供了一个改变自身命运的机会而他也抓住了这个机会，他成为一名信仰犹太教的法兰西公民并且开始从事对社会有实际贡献的法律工作，这份工作在 1789 年之前是不对犹太人开放的。但是，就当亨利希·马克思几乎快要完成自己的目标之时政治势力却发生了翻天覆地的变化，由于拿破仑攻占俄国失败，欧洲列强的盟军迫使法兰西撤退回自己的边界，普鲁士军队统治了特里尔地区并开始了对特里尔地区的治理，但是由于普鲁士的压迫式统治激化了与当地居民之间的矛盾，在几场骚乱过后普鲁士人开始了安抚工作，比如开始启用前拿破仑政权中的官员，这一政策再一次给亨利希·马克思带来了机会。1814 年，他又搬回了特里尔并开始做一名律师，可以在上诉法庭执业。到此，亨利希·马克思的职业计划已经基本成功地实现了，可是还有一个问题困扰着他，那就是他的宗教信仰，因为普鲁士政府规定不允许犹太人在政府中任职，正是在这种政治背景下，卡尔·马克思的父亲亨利希·马克思在 1819 年末决定改变自己的信仰，即从犹太教转变为信仰新教。在 19 世纪的德国，新教是理性主义、启蒙思想支持者的宗教选择，从亨利希·马克思的宗教选择就可以看出他应该是启蒙运动的强烈支持者。在亨利希将自己打造成执业律师的道路上还有最后一个条件，那就是，结婚。亨利希·马克思娶了比自己小 11 岁的来自荷兰犹太家庭的罕丽达·普乐斯堡，婚姻为亨利希·马克思带来了丰厚的嫁妆，这种依靠新娘的嫁妆建立自己的家庭、从事自己的职业的情况在

19 世纪的德国中产阶级中非常普遍。

但是，卡尔·马克思在生活中很反对这样的做法，这在他自己的婚姻中表露无遗。很多历史学家和传记作者都认为卡尔·马克思与母亲的关系非常不好。马克思的母亲被描述成一名没有文化、为家庭贡献一生的妇女。卡尔·马克思与母亲的关系很紧张，甚至在得知母亲去世的消息时无动于衷，也有可能是因为在亨利希·马克思去世之后他们经常因为遗产的问题而争吵。卡尔·马克思就是出生在这样一个家庭。由于亨利希·马克思的艰难奋斗，这个家庭的财产与日俱增，与此同时，其社会地位也逐渐上升。年幼的马克思在这个家庭的生活我们知之甚少，一直到 1830 年马克思来到特里尔中学学习，青少年时期的马克思才可以逐渐被人们所了解。这所德国教育界的精英学校非常重视古典文学教育，学生被要求学习拉丁文和希腊文，因此，马克思在中学时期阅读了大量的希腊文学著作，这为他的古典文学修养打下了牢固的基础。进入波恩大学学习之后，马克思又选修了荷马史诗、希腊罗马神话等课程，在不间断的学习过程中，马克思可以背诵大量的诗歌和神话，来到柏林大学之后马克思更是进一步开始研究整个古希腊文化，这也为他创作其《博士论文》储存了大量的感性材料和系统知识，为其选择德谟克利特和伊壁鸠鲁两位古希腊哲学家作为《博士论文》主题打下了基础。事实上，很多主要的马克思主义哲学家在几十年前就已经指出，至少在马克思的早期思想中，古希腊就扮演着非常重要的角色。马克思的哲学是深深扎根于西方哲学深厚的思想土壤之中的，是对西方哲学最精华部分的继承、扬弃和发展。

随着亨利希·马克思在1838年5月10日离开了人世，一个重要而紧迫的问题摆到了卡尔·马克思面前，那就是对未来职业的选择，此时已经和燕妮订婚的马克思萌生出去大学执教的想法，他希望在布鲁诺·鲍威尔的帮助下在波恩大学谋得一份讲师的职位，由此，他必须完成博士论文的写作，在选择博士论文题目之时按照“青年黑格尔派”的传统，马克思选择了继续发展黑格尔《哲学史演讲录》中的思想。

事实上，古希腊文化遗产在19世纪的欧洲受教育阶层有着巨大而广泛的影响力，马克思也受到了古希腊思想的影响，这一点是毋庸置疑的。但是马克思并没有照搬古人的思想智慧而是清醒地认识到了过去与未来是不能断然割裂开的，人类不是在开始一项崭新的工作而是在完成自己原来的工作，那种人类早就幻想的只要意识到就能真正掌握的东西。在这里，马克思所指出的“原来的工作”就是要实现古希腊人的梦想，即人在社会中全面、自由的发展。事实上，这一目标贯穿了马克思的一生，在其《博士论文》中就预示了这一本质概要，从此，马克思就在现代社会中开始为实现这一梦想和“古老的工作”而努力。

回顾马克思的成长家庭，他的父亲——亨利希·马克思始终认为自己作为犹太人，尤其是一个享有不平等的法律地位的公民，他通过自身的努力最终获得了平等的社会地位。这就预示着人类解放的新时代即将来临。而卡尔·马克思却从没有认为理性的争论会影响行为方式，其一生都是充满了完美主义和理性主义的品格的，这也是其早期的成长家庭生活中在其思想深处所烙下的印记。

### （一）“被缚的普罗米修斯”

神话，可以说是古希腊民族创造力和想象力的体现。哲学的产生正是因为人类具有这种想象的能力和惊异的能力，可以说，古希腊人对世界充满了好奇。古希腊人积极探索宇宙的本原追寻万物的本性并从中获得知识进而享受自由。古希腊神话一直有一种追求至善的自由精神，这种追求与自然哲学家对宇宙本原的探寻和追问有着一种深层次的渊源，这个渊源即阿那克萨戈拉的“努斯”，这就是自由意志——挣脱一切束缚追寻自由。哲学一旦脱离了神话便会秉持一种信念，即爱智慧。亚里士多德创造了“神话之爱”，为的就是能够将哲学家们对于“惊异之物”的渴望同神话进行连接，因为神话同样也是由“惊异之物”构成的。在此，哲学家们将某些东西留给了神话，因为构成它的东西必然也构成了理论的魅力。哲学家们此外就再没有更多的东西。而古希腊时期所创造出来的文学形象也是具有象征意义的，普罗米修斯就是这样一个明证。

神话成为了悲剧的题材，在古希腊戏剧《被缚的普罗米修斯》中，宙斯希望人类敬重他并服从于他，而普罗米修斯却教给人类知识以期人类过上幸福独立的生活，这惹怒了宙斯，就在普罗米修斯用长长的茴香条为人类盗取了最重要的火种之后，宙斯决定重重地惩罚这位神界的“叛徒”，普罗米修斯面对前来的神使毫不退缩并喝道：你看，我就是把天火送给人类的普罗米修斯。由此，普罗米修斯被锁链束缚在高山之巅，日复一日地被老鹰啄去心肝，宙斯为了惩罚普罗米修斯，让他被啄去心肝之后又长出新的再被老鹰啄去，就这样日复一日地使普罗米修斯在痛苦与风吹日晒中煎熬，即使如此，普罗米修斯却还是拒绝了想要替他向宙斯求情的火神的帮助。因为普罗米修斯认为自己没有做错，认为自己为人类带去火种是正义之举。就这样，普罗米修斯为人类带去了温暖与光明，自己却失去了自由。而“自由”在古希腊以来的语境中就是“要求自我得以从其所身处之境中打破束缚而出，是通过与旧有世界秩序的断裂来实现”。普罗米修斯背叛众神为人类盗取火种，他与那个属于众神缄默的旧世界秩序进行了一次彻底的决裂，他成为了人类的恩神。

普罗米修斯是悲剧中的英雄人物，而悲剧是需要对一个严肃、完整的行动的模仿行为，这种行为通过被装饰过的语言，借助于人物的行动来引发怜悯和恐惧。著名悲剧作家埃斯库罗斯塑造了普罗米修斯的形象，在埃斯库罗斯的剧作里，普罗米修斯是地母盖娅与天父乌拉诺斯所生的伊阿佩托斯的儿子，是泰坦巨人之一，他与智慧女神雅典娜一起创造了人类，普罗米修斯在西方文学中的寓意是“伟大的殉难者”，而普罗米修斯的名字在古希腊神话中的意思是“先知”。普罗米修斯是以叛逆的形象出现的。

马克思之所以称赞普罗米修斯正是因为他具有敢于与命运抗争从而争取自由的精神。马克思是一名热爱诗歌的浪漫青年，他也是埃斯库罗斯迷，据说马克思每年都是要重新读一遍埃斯库罗斯的希腊原文作品，不仅如此，他更是将埃斯库罗斯和莎士比亚一起比作人类产生的最伟大的两位戏剧天才。

普罗米修斯在《被缚的普罗米修斯》中面对宙斯派来的神使大声疾呼：“你看，我就是把天火送给人类的普罗米修斯！”[①] 在某种意义上可以说，马克思给人类社会带来了新的世界观正如普罗米修斯给人类送来火种一样具有深远的影响和意义，这也是马克思欣赏普罗米修斯的关键所在。当然，在马克思的《博士论文》中他始终是在进行着哲学的一种陈述，由此可以看出，马克思是将普罗米修斯的那种反叛精神归结到了哲学要完成的任务中，哲学在此种意义上就是要反叛众神以回到“自我意识”本身之中，这样一种对于普罗米修斯的情

① ［古希腊］埃斯库罗斯等：《古希腊戏剧选》，罗念生译，人民文学出版社2012年版，第13页。

结也就构成了马克思《博士论文》的基调。

青年时期的马克思称颂“普罗米修斯是哲学日历中最高尚的圣者和殉道者”[①]。在《博士论文》中，马克思写道：“不应该有任何神同人的‘自我意识’相并列，我绝对不会用自己的痛苦去换取奴隶的服役，我宁肯被锁在崖石上也不愿意做宙斯的忠顺奴仆。”[②] 事实上，普罗米修斯的精神就是马克思哲学自身的精神，普罗米修斯对自由的追寻就是——马克思关于哲学进行思考的一个起点，而普罗米修斯的自白就是——马克思对于自身哲学使命的一次告白。

1835 年，马克思在波恩大学求学期间将大量的时间用于艺术和文学史的学习上，事实上，当时的波恩大学充满了浓厚的浪漫主义氛围。正是因为马克思青年时期充满了浪漫与激情并且参加了波恩大学的诗人俱乐部才使其被父亲转入了柏林大学。由此，青年时期的马克思开始创作大量的诗歌，也许是因为与燕妮的分离，也许是因为长久的文艺熏陶，麦克莱伦指出，马克思的诗歌作品充满了“悲剧性”色彩。在马克思送给燕妮的诗歌集中完整的保存了青年时期的马克思那火一般的热情和他充满着纯粹“理想主义”色彩的性格，马克思的诗歌中饱含着对燕妮的爱和高扬的主体性意识，这种浓烈的激情

① 《马克思恩格斯全集》第 1 卷，人民出版社 1995 年版，第 12 页。
② 《马克思恩格斯全集》第 40 卷，人民出版社 1982 年版，第 190 页。

也可以说是来自于马克思的英雄主义情结。马克思所生活的那个时代的德国无论在经济上还是政治上都是相对落后的，由此，一场真正意义上的经济变革和政治变革也显得极为迫切。可此时的黑格尔却宣称“存在的就是合理的”，他认为个人自由的实现必须要依靠那个被其称为“绝对精神”的国家——德国。

众所周知，当时的德国尤其是普鲁士存在着很多歧视性的法律，正如马克思的父亲所经历的那些一样，犹太人是法律歧视的对象。在这样的时代背景下，青年时期的马克思就一直关注一个问题，那就是，人类的普遍解放的本质到底是什么？

马克思追问人类解放的条件就表明了人类还尚未获得真正的自由。宗教在严格意义上说仅仅只是需要信仰，但是在广泛意义上，宗教只是通过一个中介物来间接的达到对人的一种承认，像大多数人认为的一样，国家就是人与人之间的中介物，人们将自己的自由寄托在它的身上。可是，普罗米修斯式的人一定要真实体验自己的内在价值，这种价值才是生命的真正体现。事实上，自由这项权利并不建立在人与人的结合中而是建立在人与人之间相互分离的基础上。而普罗米修斯违背了“集体主义”，在这里，分裂成为了人类的一种“堕落”，压迫则是对其进行惩罚，马克思运用了一种救赎戏剧的方式和辨证的发展模式概括了关于自由的获得和人类的解放的问题。宙斯将普罗米修斯困在高加索山上使其失去了自由，可以说，高加索山上的困住普罗米修斯的岩石就是这个世界的“必然性”存在，它使得人类失去了自由的可能性从而深陷在“命运”的旋涡里。但是普罗米修斯并不会屈服这必然的命运，这也正是马克思对待“必然性”所持有的态度，马克思在被缚在高加索山上的普罗米修斯的不肯屈服的精神里看到了一种争取自由的激情和取得自由的可能性。

马克思这种深存在体内的反叛精神被普罗米修斯激发出来并由此踏上了一生为人类争取自由的道路，在此种意义上，可以说马克思正是人间的“普罗米修斯”。

### （二）人间的“普罗米修斯”

众所周知，马克思所经历的人生是充满坎坷和曲折的，马克思的一生都是在颠沛流离中度过的。可以说，马克思遭遇了一般人无法忍受的磨难。因为其激进的思想和激烈的言论而被统治者一次次驱逐出境。可是，他却把自已一生凝聚而成的丰富而又珍贵的思想毫无保留地奉献给了后世的人。马克思的这样的人生经历和个人命运与希腊神话中将火种送给人间并为人类带去温暖和光明而自己却因此而受到宙斯惩罚的普罗米修斯有着极大的相似性。由此，马克思完全无愧于人间的“普罗米修斯”这一赞誉。

青年时期的马克思认为可以通过哲学还“自我意识”以自由。马克思非常赞同晚期希腊自然哲学家伊壁鸠鲁的理论思想——伊壁鸠鲁研究自然哲学的目的是为了能够祛除恐惧，可以使人类不再沉迷宗教。由此可以说，青年时期的马克思关于希腊“原子论”的翔实而全面的研究同样是为了其哲学立场所服务的。在此，对于那些使人类产生崇拜与恐惧的众神正是青年时期的马克思所憎恨的，与伊壁鸠鲁一样满含愤恨，因而他引用普罗米修斯这位常常在神界“捣乱”的泰坦神的话：“老实说，我痛恨所有的神。”最重要的是，他们都以哲学抵制宗教，或者说，对宗教所许诺的幸福要求通过哲学来获得。马克思早在少年时代就心怀解放全人类的远大抱负，这一美好前景的实现有赖于从诸如宗教一类束缚人精神的羁绊中解脱出来。尽管如此，作为现代启蒙中人，马克思有其特有的敏锐眼光与思想背景，在继承、引申伊壁鸠鲁思想的同时，超越之处显而易见。首先，就宗教批判的动机而言，已不仅仅局限于个体的心灵或精神的宁静，而是关注“自我意识”的自由实现，这是一个从个人或小圈子（伊壁鸠鲁的小团体）到普遍的人的拓展过程；其次，如果说伊壁鸠鲁对神的态度还有着一些保守之处，这也许是因为古希腊时期哲学家所持有的信念，或者是因为基于现实世界的考量。但是，当时的马克思却毫无保留地接受了唯物主义的无神论信仰；最后，伊壁鸠鲁只是在个人与自己关系最亲密的学生和朋友的往来信件中探讨哲学，而马克思却是以思想启蒙的勇士姿态公示自己所坚持的思想。事实上，这位被赞誉为人间的“普罗米修斯”的年轻人已经从伊壁鸠鲁那里找到了自己一直想要的理论，与此同时，青年时期的马克思以自己过人的领悟力和惊人的战斗力开始了追寻“自由”的漫漫征程。

事实上，当时德国存在着一种很普遍的现象，即很多德国思想家在对古希腊的形象进行创作时实施了“专制”。也就是说，这些形象更多的是具体的德国需要和抱负而非由真实的古希腊来决定的。而马克思作为一名不拘一格的“青年黑格尔派”成员始终有着一种浪漫心态，这种浪漫的心境更多是一种情感状态而非理论立场。可以说，正是马克思这一种痛苦的普罗米修斯式的巨人心境才使得他得以感受辩证思维的根本隐喻，也正是这样一种情感体验成了马克思诗歌创作的灵感源泉。当然，马克思并没有将这种情感体验关联成为理论知识，但是通过了解马克思的这种心境，我们才能更加深刻地了解马克思为何又开始批判黑格尔——正是浪漫主义情怀的痛苦始终激励着马克思，使得他提出了那个引向无产阶级的世界历史问题。事实上，在“1836—1837 年间，从耶稣基督走向普罗米修斯，此后他的一生都在那位把天火给了人类而不为天国强权所屈的‘神’的精神的策警下，以哲学的名义做普罗米修斯式的呐喊和抗争，成了出于马克思本己意志的选择”[①]。可以说，马克思正是一名为了人类福祉而不畏牺牲的伟大而崇高的自由

---

① 黄克剑：《人韵——一种对马克思解读》，东方出版社 1996 年版，第 106 页。

之精神践行者。

正如马克思在《博士论文》序言中献给燕妮的父亲路德维希·冯·威斯特华伦的献辞中写道的："用真理所固有的热情和严肃性来欢迎时代的每一进步；深怀着令人坚信不疑的、光明灿烂的理想主义，唯有这种理想主义才知道那能唤起世界上一切心灵的真理。"[①] 事实上，年轻的马克思心中始终有着激情与抱负，他在英雄神祇普罗米修斯挑战众神之王宙斯权威的神话中读到了自己内心深处的渴望。

歌德的《普罗米修斯》即表现了这样一种自我展现价值的需求：

用云雾遮蔽你的苍天吧，宙斯，
像个斩蓟的少年，
拿橡树和山顶游戏；
然而，你却看着我的大地和茅屋立起，
其中并无你的功力，
我熊熊的炉火也让你恨忌。
……
我端坐在此，
比拟自己的形象造人，

① 《马克思恩格斯全集》第40卷，人民出版社1982年版，第187页。

创造类我的一族，
流泪、痛苦，
也会享乐、欢腾，
更会如我，
藐视天神！[①]

## 二、马克思在普罗米修斯的反叛精神中发现自由

古希腊时期的艺术形象大多是人性与神性的完美结合。神性是人性的对象化，是人创造出来表达人类天性追求自由的偶像和化身。普罗米修斯就是这样一个神，马克思将其当作自己的化身，普罗米修斯将天火从神界盗取而来送给人类正是代表着将自由意志赋予了人类，象征着理性之光将照耀人类。马克思使用的“征服”意味着“强迫”，普罗米修斯就是在“强迫”使得这个世界变成人类自由的居所。也就是说，只有通过征服世界才能够创造自我神性的保护，普罗米修斯为人类盗取火种以使得人类免受饥寒之苦，普罗米修斯的火种就隐喻了人类的“自我意识”，也就是说，只有人类获得“自我意识”

① ［美］维塞尔：《普罗米修斯的束缚——马克思科学思想的神话结构》，李昀、万益译，华东师范大学出版社2014年版，第77—78页。

成为宇宙的理想生活的创造者，才能够真正得到自由。

在古希腊神话中“反叛”几乎是一个永远也绕不开的主题。在希腊神话构建的世界中“宙斯本就是推翻其父克洛诺斯而成为主神，而在此前，克洛诺斯则是推翻其父天神乌拉诺斯而获得主神之位的”[①]。普罗米修斯作为宙斯的反叛者与希腊神话谱系中的这种反叛主题有着密切的关系，似乎也存在着一种内在的逻辑。事实上，进步就是这样一个不断反叛的过程，每一代的新生事物和新生力量必然都要完成对传统事物和旧有权威的反叛过程并且将其取代之后才能使新生力量成为旧有权威，接下来，又会产生新的力量，如此不断反叛不断前进才能完成一个“新陈代谢”的过程。普罗米修斯作为一种反叛力量被年轻时期的马克思所青睐的意义正在于此。

普罗米修斯所追求的不仅仅是某一种个体的幸福与利益，他关心的是整个人类的福祉，甚至是超出了自己类族的利益，这种精神境界也与年轻时期的马克思有着某种精神上的契合。普罗米修斯不仅仅是人类的创造者更是代表了人类本身的不屈精神和独立品格的。这种精神在马克思的《博士论文》中有着极其明显的体现。

马克思在其《博士论文》中高度赞扬伊壁鸠鲁的自然哲

① 叶隽：《救世理想与现世艰难——普罗米修斯断片中的“宿命叛逆“现象及其思想史元素》，载《德国研究》，2011 年第 2 期。

学并将其视为最高的救赎，还不遗余力地反驳普鲁塔克对伊壁鸠鲁哲学批评，认为普鲁塔克将神学看作比哲学更高的存在。在这样的语境之中，马克思将普罗米修斯视为了哲学的圣徒，正是因为普罗米修斯式的价值就是痛恨所有高于人的绝对价值的存在，也就是说，为了理解神性，人必须要认识到自身的“自我意识”的存在，这也是人的神圣之所在。也就是说，人的最高目的就是他自身。事实上，19 世纪有很多作家借用过普罗米修斯的形象来表达自己的思想，马克思只是其中一位，只不过马克思对普罗米修斯的解读是后歌德式的，因为神话中的普罗米修斯也是需要被拯救的，只是歌德在诗作和戏剧中对神话原有的意义进行了改编。费希特、谢林、施莱格尔等人都对普罗米修斯的形象进行过引用。可以说，启蒙就是普罗米修斯把天国的火种带到人间从而启迪蒙昧者，启迪人类。在这样的时代背景下，马克思通过自己的思考不断地试图将普罗米修斯的呐喊转变为可以确保实现自身思想的理论架构。

由此，马克思在普罗米修斯的反叛行为中发现了“自我意识”，看到了实现自由的可能性，这也为其后来在《博士论文》中选择伊壁鸠鲁的自然哲学奠定了一种思想基础。

伽罗蒂也曾经说过：“从处女作到终身意向，马克思的基本主题始终没有改变过。”① 正是诗人的冲动和浪漫从根本上

① Roger Garaudy. KarlMarx: *The Evolution of His Thought*. New York, 1967, p. 200.

点燃了马克思的作品。可以说，让人人都成为自身的创造者的这种深切的人文关怀是打开他的哲学、经济学和政治学的钥匙。马克思终身致力于努力克服乃至消灭阶级制度带来的异化从而能够让人人都可能成为真正意义上的人，这种诗性的理想始终都萦绕在马克思的思想之中。

### （一）普罗米修斯反叛宙斯——宗教批判

从古至今，西方哲学始终不能回避一个话题，那就是对宗教的态度，这是因为宗教在西方人的精神世界和现实生活中都占有着重要的地位。由此，要想获得政治自由，那就必须完成对宗教的改革。马克思曾指出：“任何一个民族，即使它达到了最高度的文明，即使它孕育出了一些最伟大的人物，即使它的技艺达到了全面鼎盛的程度，即使各门科学解决了最困难的问题，它也不能解脱迷信的枷锁；无论关于自己，还是关于神，它都没有形成有价值的、真正的概念；就连伦理、道德在它那里也永远脱离不了外来的补充，脱离不了不高尚的限制；甚至它的德行，与其说是出于对真正完美的追求，还不如说是出于粗野的力量、无约束的利己主义、对荣誉的渴求和勇敢的行为。”[①] 事实上，在古希腊时期，神话与理性可以说是携手而来的，神话更有着为理性奠基思想基础的作用。在希腊神话

---

① 《马克思恩格斯全集》第1卷，人民出版社1995年版，第449页。

中组成的一系列秩序与活动，实际上都是人类社会的一种模拟，在古希腊的神话世界里存在着很多很多的神，这些希腊神学实际上也是希腊自由思想的一个体现。在希腊人传统的神话思维中，开奥斯是首次出现在希腊神话中的神，事实上，开奥斯的寓意是“无序之神”，他拥有非常强大的繁殖能力，正因为如此，开奥斯一共生下了四个神，包括大地女神——该亚、天神——乌拉洛斯以及其他，紧接着，天神乌拉洛斯与大地女神该亚又一起生了十二个神，其中六个男神六个女神，他们就是希腊神话中的泰坦巨神。希腊神话故事就从这里拉开了它的序幕。

天神乌拉洛斯被他的儿子泰坦巨神之一的克洛诺斯所取代了，由此，克洛诺斯就非常担心自己也像他的父亲一样被自己的子女所取代，于是，克洛诺斯把自己的子女全部吞进肚子中。可是，克洛诺斯的妻子非常反感丈夫的做法，她将其中一个儿子，即宙斯藏了起来使其免遭迫害。正如克洛诺斯所担心的，他的儿子宙斯成长起来之后便使用计谋逼迫自己的父亲将他吞下的子女，也就是宙斯的兄弟姐妹们全部吐了出来，由此，宙斯和他的兄弟姐妹们与自己的父亲展开了长达十年的斗争。众所周知，宙斯最后成为了宇宙之王。也正由于此，古希腊人在奥林匹亚山诸神中尤其信服宙斯。在吕卡翁的神话故事中，我们了解到，宙斯神更加享受这种众凡人对其的信仰，他为了使得凡人能够更加诚信地信服于他，对不敬神者采取了给予相应惩罚的决定，这也正是在普罗米修斯的故事中出现的惩罚，在普罗米修斯的故事里就能看到他在神族的权威。

普罗米修斯的生命是在自身之内，他相信自己拥有着无穷的创造力，因此，他敢于藐视众神，特别是主神宙斯。普罗米修斯毅然决然地抛弃了众神。马克思创作《博士论文》时期是“青年黑格尔派”猛烈抨击宗教的时期，由此，马克思选择了普罗米修斯这样一种斗士的形象来表达自己内心的冲动，即对宗教批判的热情。之后在选择自己《博士论文》主题时也选择了伊壁鸠鲁这样一位无神论者也就更好地表明了马克思的宗教批判立场。总而言之，马克思在普罗米修斯反叛众神的行动中获得了力量。

马克思在坎坷的人生道路上也同样表现出了一种永不屈服的反叛精神，马克思一直渴望着用自己的力量来创造一切、获得一切：

我要拥抱万里长空，
我要把世界融汇于心胸，
我愿在挚爱和仇恨之中，
让生命之泉不断喷涌。
我想获得一切，
获得神的种种恩宠，
我要勇敢地获取知识，

掌握艺术和歌咏。[1]

马克思在面对充满压迫的客观性时采取了一种藐视直至反抗的态度，马克思所拥有的那种普罗米修斯式的情感一直在为"征服世界的、绝对自由的心脏"而着魔，同时也宣告着人与神等同的地位，这种精神是马克思的自豪，这种精神就是普罗米修斯的格言：人的自我意识具有神性。事实上，马克思在其《博士论文》中一直提到一种双重要求，即，哲学变成世界的，世界变成哲学的，因为只有如此才能真正使得现实和理念的东西达到一种和谐统一。

马克思在其《博士论文》中指出"自我意识"是"最高的理性"。也正因为此，对于人类而言既不再是上帝的仆役也不再是自然的随从。关于人类的自由的获得问题，马克思认为不能只是将自己的命运应许给上帝或神，必须将命运掌握在自己的手里，这一点与普罗米修斯的追求是相契合的。可以说，马克思《博士论文》中的普罗米修斯悲惨遭遇与布鲁诺·鲍威尔曾经提到过的"不幸意识"在某种意义上有着一种相似性。事实上，这种"不幸意识"正是晚期希腊时期的在战乱的环境之下所产生的，但是，这种"不幸意识"在布鲁诺·

① 《马克思恩格斯全集》第1卷，人民出版社1995年版，第561页。

鲍威尔看来正是“基督教产生的真是基础”①。黑格尔在其《精神现象学》中更是将晚期希腊这一阶段当作人类理性成长的“自我意识”阶段，在黑格尔看来，所有的文学、哲学、艺术，包括宗教，都是“自我意识”的一种再现。由此，布鲁诺·鲍威尔将“自我意识”作为了自身哲学的理论基石并将“不幸意识”与基督教联系起来对基督教进行真正的批判。可以说，在对宗教神学的反叛中，马克思与普罗米修斯对以——宙斯为中心的众神的反叛一样决绝而果断，这种态度也更多地来自于布鲁诺·鲍威尔，也就是说，马克思对于基督教的反对可以说是在看到人间疾苦之后开始批判信徒式的福音，马克思是反基督的，这一点毋庸置疑，正如普罗米修斯反对众神一样，他坚持自己的真理。

黑格尔思辨哲学的终极目的是要通过绝对精神的历史运动来实现哲学与神学的辩证统一，由此，宗教批判构成了他哲学体系的重要内容。宗教批判也由此必然会转向现实性的社会批判，这样一来，从黑格尔的哲学中孵化出马克思的共产主义学说也就是顺理成章的。马克思认为，进行宗教批判的依据是因为是人创造了宗教，而并不是信徒们所认为的那样——宗教创造了人。事实上，现实的世界是完整的属于人的而并不是属于

---

① ［英］戴维·麦克莱伦：《青年黑格尔派与马克思》，夏威仪、陈启伟等译，商务印书馆1982年版，第57页。

上帝的。正由于此，马克思指出，人，并非抽象地旅居于这个世界之外的一种存在物。实际上，人，就是处于这个世界之中的。人，就是组成这个国家和社会的。事实上，是人的社会创造了宗教，而把宗教的那个世界当作真正的世界，完全是对真实世界的一种颠倒。事实上，人类只有拥有了自身的人的“自我意识”和自我感觉才能找到真正属于自己的自由世界。黑格尔正是由于他是作为最后一个基督教哲学家所以才能够与现存世界中的经验矛盾进行和解。而马克思对现存不合理的事物的批判则是根源于一种对基督教创造秩序的世界的普罗米修斯式反抗。

### （二）普罗米修斯——自我意识

马克思在其《博士论文》的序言中高度赞扬了普罗米修斯，颂扬了普罗米修斯对众神的反抗。事实上，普罗米修斯在这里就是代表着人类的“自我意识”，而普罗米修斯为人类所盗取的天火，那人类带来福祉的天火就意味——逻各斯之火，这源于始基之火就是原子的由来，更“是原子之中蕴涵的自然与自我意识双重因素的由来”①。

为人类带来火种的普罗米修斯实际上就是人类自我神化的一种象征，马克思在普罗米修斯式精神的鼓舞下相信人类可以

① 鲁路：《马克思博士论文研究》，中央编译出版社2007年版，第201页。

拥有实现自我解放的力量。事实上，人的自豪即是来自于对痛苦的回应，那么人的本质究竟是什么？它就是自豪，即人与神的平等，他的神性，他的普罗米修斯之力。人类在一种冷酷的客观性面前遭遇了实现人类本质的阻碍，这种“现实”与“应该”之间的冲突带来的痛苦是不可避免的，人类对于这种痛苦必须转化成一种反抗，这种反抗可以是藐视，可以是诋毁，也可以是反叛。马克思通过分析普罗米修斯的奋斗得到了其自身思想的根本隐喻。在古希腊神话中，普罗米修斯给人类带来火种，这是人类自我神化的象征，在马克思的《博士论文》中，对于普罗米修斯的运用已经远远超过了一个神话象征的作用。

事实上，普罗米修斯从被缚从而受难一直到最后努力自救直至奋力反抗成功就构成了一种神学的根本隐喻，这种隐喻进一步生成了马克思的科学思考所运用的范畴性自我系统。事实上，隐喻是在不能说明现实的情况下借以象征的一种途径。隐喻所包含的内容是复杂并且有着某种内在关联性的，由此，逻辑的力量就会被弱化进行通过隐喻的方式将晦涩的信息进行传递。可以说，青年时期的马克思可以说是真正理解了处于历史语境中的普罗米修斯的，其对于青年时期的马克思来说是一种救赎的象征。在此，语言的对应性就有了弹性同时关于哲学的理解也就有了多种的传递方式。马克思以他的视角发现了在现实社会的经济学领域中所存在着的一个需要救赎的过程的问题，正是因为这一发现，“被缚的普罗米修斯”深深地吸引了青年时期的马克思，从而也就构成了马克思早期思想中的神话性根本隐喻。

马克思当时能够做到这一点是与布鲁诺·鲍威尔的哲学思想影响密不可分的。正如阿尔明·韦尔德穆特指出的：“可以肯定的是，布鲁诺·鲍威尔的自我意识哲学意味着马克思思想起源的一个重要因素，它赋予了马克思借以重新解释黑格尔的最初手段。”[①] 可以说，“自我意识”是将自己当作对象看，与此同时，也将对象当作自我看的一种意识，从辩证法角度理解这种对象和“自我意识”就可以看出主体的一种能动性。黑格尔正是在实体和“自我意识”之间完成了辩证法的辩证与综合，这就使得黑格尔哲学的辩证体系成为了进步人士和保守力量的理论土壤。黑格尔认为，意识就是将我和对象区别开来，但是此处的“我”早已成为了作为“对象”的那个我，“对象”也成了“我”所能够意识到的那个对象。事实上，“我”全部面对的对象一起组构成了这个“我”的内容，可以说，对象才是真实的那个“我”，失去了这些对象的那个“我”是没有内容的、完全空洞的，甚至可以说，那个“我”什么也不是。

---

① Armin Wildermuth. *Marx und die Verwirklichung der Philosophie*. Martinus Nijhoff. 1970，Den Haag，Seite. 58.

鲍威尔将黑格尔哲学的批判性与革命性呈现了出来，鲍威尔指出，只有“实体”进入到主体的“自我意识”之中才能称之为真正的“实体”，在“实体”与“自我意识”之间，鲍威尔决绝地选择了“自我意识”。事实上，最基本的认识是对“我”的意识，也就是“自我意识”，只有总是能够意识到这个意识主体——“我”的存在，总是能够意识到——我的一切意识都是属于“我”的意识，才能够从根本上意识到——意识对象可以说是对一切对象都能够得以意识的这个“我”本身。鲍威尔认识到：只有主体和精神的东西才具有能动性，才是黑格尔辩证法中最具有生命力和活力的因素，才是“自我意识”使得辩证法得以展开的根本动力。而勇敢反抗整个神界的普罗米修斯正是觉醒的“自我意识”的代表。马克思的《博士论文》就是要满足这颗追求自由的“跳动的心”，可以说，是这种努力在支撑着他的哲学研究，正是这颗跳动的心在要求着马克思去成为那个拥有征服世界从而获得绝对自由的人间的“普罗米修斯”，这位为人类带去火种的普罗米修斯的那种对人间救赎的渴望带给了哲人马克思力量，他通过哲学这样一个手段来认识这个可以满足自己普罗米修斯式欲望的世界，当然，如果这个世界是充满压迫的，那么人间的“普罗米修斯”——马克思就要反叛它、改造它、消灭它。

马克思的这种反叛和浪漫的性情在其中学德语作文“青

年在选择职业时的考虑”一文中就显露无遗。当时的马克思从人的超越性本性出发，通过动物和自然进行对比阐述了他对人——趋于高尚的使命的一种解读。马克思在作文中写道，动物被自然本身给予了它所应该遵循的活动范围，从此，动物就一直安分地在自然所给予的这个范围之内活动而从不会考虑超越这个范围，当然，也不会考虑是否还有其他范围存在。与此同时，神也同样为人类指定了共同的目标，那就是使人类拥有趋于高尚的目标，但是神仅仅是给出了崇高的目标，他要人类自己去寻找那个可以达成目标的手段。也就是说，神让人类拥有机会，使得他们可以在社会上选择一个最适合于他、最能使他和社会变得高尚的地位。马克思认为这种“超越性”的本性是人所与生俱来的本性之一。到了大学时期，马克思这种普罗米修斯式的精神也是其选择伊壁鸠鲁作为其《博士论文》研究对象的一个重要原因，众所周知，伊壁鸠鲁是一名“离经叛道”者，是希腊时期哲学家中的“异类”，他受到斯多葛派、怀疑论者、柏拉图主义者以及教堂神父等的口诛笔伐。但是，伊壁鸠鲁正如普罗米修斯反叛宙斯一样敢于向宗教制度挑战，敢于使人成为世界的主角，卢克莱修称赞其为古希腊勇士。马克思对伊壁鸠鲁也有着深深的崇敬之情，这在其将神话中盗火者普罗米修斯与雅典菜园哲人伊壁鸠鲁联系在一起就可以一窥究竟。

恩格斯曾经指出，斗争是马克思必不可少的生命要素，回顾马克思满怀热情、坚忍不拔的进行斗争的一生，再联想到马克思对普罗米修斯的赞美和敬佩，我们可以说，“圣者和殉道者”的美誉不仅仅属于普罗米修斯也同样属于马克思！

# 第三章　马克思《博士论文》研究方法

## ——辩证法和“显微镜”式的分析方法

### 一、马克思《博士论文》的文献准备

众所周知，古希腊哲学的相关文献流传下来的很少。其中，伊壁鸠鲁的著作更是少之又少，甚至仅仅只有三封书信和一些残篇、箴言，这就使得必须有人将伊壁鸠鲁的思想理论进行一次全面而完整的整理。事实上，马克思为其《博士论文》所写作的七本《关于伊壁鸠鲁哲学的笔记》就是在完成这一工作，这也是在为其《博士论文》的创作进行资料的搜集。可以说，马克思的思想的产生是与其广泛的阅读密不可分的，这种阅读是非常系统的。当然，马克思的研究计划、藏书、阅读内容还不太被世人所知，但是，从马克思留下来的目前可以看到的读书笔记等手稿中就可以了解到马克思进行研究工作时

的努力与严谨。

马克思的《博士论文》从资料收集到整理完善再到写作完成一共经历了两年的时间，可以说，马克思是在大量的占有原始资料的情况下完成自己的论文写作的，他主要是根据第欧根尼·拉尔修的《名哲言行录》获取了关于古希腊时期哲学家的言论及行为的认知。马克思《博士论文》的资料收集是详尽而充实的，他不仅收集了伊壁鸠鲁的很多资料同时也收集了伊壁鸠鲁反对者的资料，在回击反驳伊壁鸠鲁的言论过程中完成了对伊壁鸠鲁哲学的理解。马克思写作论文时所持有的严谨、认真的科学态度是非同寻常的。例如，他为了驳斥古代和近代大部分哲学家对伊壁鸠鲁哲学所已有的看法，采用了将反对者的材料一条一条列出来的方法，然后他根据自己搜集占有的全面的材料和发展的观点对这些材料再进行一一的驳斥。

马克思在《博士论文》序言中写道：众所周知，对于这篇论文的研究对象，可以说是完全没有任何可以进行参考的前人的论著的。这就开宗明义地指出了以往哲学家对伊壁鸠鲁的误解，马克思的想法是要在希腊思辨传统的整个逻辑框架中对伊壁鸠鲁、斯多葛和怀疑论这一系列的“自我意识”哲学派别的相互联系进行一次全面的分析。在阅读马克思《博士论文》时可以深切地感受到其中一直萦绕着一种崇高的赞美，即马克思对伊壁鸠鲁哲学的赞美，马克思将伊壁鸠鲁奉为一名“离经叛道”者，就像卢克莱修一样称其为使人与天齐高的古希腊勇士。事实上，马克思一直试图在伊壁鸠鲁哲学中寻求一种机制以澄清他与黑格尔及其哲学的思想关系。在伊壁鸠鲁哲学里，马克思发现了原子偏斜运动这种物理原理，它与“自我意识”建构的思想倾向之间具有一种可以结合的机制，这种结合的构成因素即“自由”。

事实上，“伊壁鸠鲁的‘原子论’和‘自我意识’哲学为马克思穿越思想的形而上学之路跃进阳光之中提供了自由之翅”①。

### （一）七本《关于伊壁鸠鲁哲学的笔记》

青年时期的马克思对古希腊罗马时期的哲学进行了深入而系统的研究，这些研究所形成的文稿由流传下来的七本笔记组成。马克思在 1840 年就开始为自己的《博士论文》做准备，这就是 1839 年的七本《关于伊壁鸠鲁哲学的笔记》。②

马克思的《关于伊壁鸠鲁哲学的笔记》作为其早期作品并不仅仅是简单的摘录而是马克思本人的一些朦胧想法和不清晰思绪的一个记录，这一记录勾勒了马克思早期思想形成过程

---

① ［美］麦卡锡：《马克思与亚里士多德——十九世纪德国社会理论与古典的古代》，郝亿春译，华东师范大学出版社 2015 年版，第 228 页。

② 关于马克思的笔记、札记等文本的研究是十分薄弱的，尽管有人对其进行过一些评论，但是关于马克思笔记的整体研究还是相对很少，从中译本的马克思的笔记中可以看出，其当时的思想是充满着浪漫情怀的。（参见［美］维塞尔：《普罗米修斯的束缚——马克思科学思想的神话结构》，李昀、万益译，华东师范大学出版社 2014 年版，第 119 页。）

的一个思想图像，其中涉及了很多哲学问题。马克思通过对古希腊罗马时期的哲学的整体研究，进一步借助第欧根尼所流传下来的《名哲言行录》的分析，对伊壁鸠鲁的哲学有了更深层次的认知。这也是马克思在创作其《博士论文》时对希腊化时期的哲学家进行的一系列探究的重要方法。事实上，希腊化时期的哲学家开始转向了伦理学思考并且与古典希腊时期的哲学家有着很大的不同，因为他们开始注重激情与意愿而不再仅仅关注思辨与反思。这对于青年时期富有浪漫与激情的马克思必然也有着巨大的吸引力。

马克思在 1841 年取得耶拿大学的哲学博士学位之前的两年半一直在为写作博士论文而努力着，青年时期的马克思为了完成其《博士论文》而进行了广泛的阅读并做了大量的笔记，同时，也为了谋求一个学术职位参加了各种考试。由此可以看出，青年时期的马克思在选择职业时是想要追求一种大概以教授古希腊哲学和历史为主的学术事业，但是，由于当时的时代背景和不利的学术背景导致了马克思这一计划的搁浅。无论如何，青年时期的马克思在为了完成《博士论文》而做的笔记中一直在思考一个问题，即通过分析伊壁鸠鲁哲学去理解整个希腊哲学发展本身的形式特性，马克思不仅仅是对伊壁鸠鲁哲学感兴趣，他更想从伊壁鸠鲁哲学的发展过程中推演总结出哲学演进的普遍发展规律。

马克思在柏林大学读书期间所写下的《关于伊壁鸠鲁哲

学的笔记》中将伊壁鸠鲁、斯多葛派和怀疑论派的哲学置于整个古希腊哲学传统中来进行讨论并分析了三者之间所存在的辩证关系，与此同时也肯定了黑格尔的哲学史的庞大和惊人，但是马克思也指出了黑格尔由于其自身的思辨性没有意识到这三个哲学体系是理解古希腊哲学历史的真正钥匙。

《关于伊壁鸠鲁哲学的笔记》的第一本笔记中关于伊壁鸠鲁的叙述很多。第欧根尼·拉尔修认为，伊壁鸠鲁哲学尽管是从德谟克利特哲学发展而来的。但是，伊壁鸠鲁哲学却有着完全与后者不同的特点。事实上，伊壁鸠鲁把德谟克利特的原子论学说和亚里士多德的快乐学说进行了融合，从而产生了属于自己的学说。更进一步地说，伊壁鸠鲁将终极目标“善”这个哲学范畴同人类所拥有的感性感觉进行了联系。在这里，马克思根据伽桑迪对于伊壁鸠鲁的评价详细地研究了伊壁鸠鲁的思想。在第二本笔记中，马克思曾对“哲人只是容器”这样一个命题进行了非常深入的阐释。在这里，青年时期的马克思进一步指出，作为哲学家，它们的语言及所形成的哲学体系，仅仅是生活乃至其精神存在这个基础性前提的实体通过他们的口说出一般的、简单的戒律而已。也就是说，这些哲学家们的语言还只是通过他们的口进行说话的实体的语言，这在他们身上也就展现出了基于道德生活所产生的能力。

青年时期的马克思为了写作《博士论文》而完成的《关于伊壁鸠鲁哲学的笔记》不仅仅研究了古希腊罗马时期哲学

家们的著作，同时也研究了他们的学说与伊壁鸠鲁哲学之间的关系，更进一步，马克思还将他们的哲学学说与智者派、柏拉图学说的关系进行了比较。事实证明，当时的马克思是要把伊壁鸠鲁的哲学还原到整个古希腊哲学系统中来进行讨论的。青年时期的马克思认为："在哲学史上存在着各种关节点，它们使哲学在自身中上升到具体，把抽象的原则结合成统一的整体，从而打断了直线运动，同样也存在着这样的时刻，哲学已经不再是为了认识而注视着外部世界，然而像普罗米修斯从天上盗来天火之后开始在地上盖屋安家那样，哲学把握了整个世界以后就起来反对现象世界。现在黑格尔哲学正是这样。"①当时的马克思认为，自己一直以来所有关于宗教批判的热情都是植根于古代希腊时期文化的土壤里的。正因为此，青年时期的马克思在写作《博士论文》时笃定地选择了古希腊时期自然哲学家德谟克利特和晚期希腊自然哲学家伊壁鸠鲁。事实上，马克思早期的选择对其整个思想的形成有着非同一般的意义，而马克思《博士论文》中这条古希腊时期的自然哲学思路可以说为马克思唯物论思想的形成指明了方向。

马克思在准备开始完成他的《博士论文》之前就开始搜集和阅读大量的古希腊哲学史方面的资料并且形成了大量的有自己思考内容的读书笔记，马克思借由这些读书笔记来理清哲

---

① 《马克思恩格斯全集》第40卷，人民出版社1982年版，第135页。

学史上关于伊壁鸠鲁思想的评述和其他哲学家对于伊壁鸠鲁的批判之间的关系。在《关于伊壁鸠鲁哲学的笔记》中，当时的马克思整理了所有对于伊壁鸠鲁哲学思想的批判理论，这其中，普鲁塔克占有了很大的篇幅，这也引起了马克思的注意并对其进行了详尽的论述：关于神学思想，普鲁塔克对伊壁鸠鲁进行了强烈的批判，普鲁塔克认为，人类对于神的崇拜和敬畏正是能够使得人类正义、和平生活的必要条件。因为人类有很多种不同的类型，对于那些作恶的人来说，如果他们能够敬畏神明那么他们就可以忏悔自己的恶行并由此减少作恶；对于那些本分的人来说，如果他们能够敬畏神明那么他们就会远离邪恶并由此安分守己的生活；对于那些聪明的人来说，他们并不需要神明来约束自己的行为，他们只相信自己的头脑由此也就可以用理智和德行来约束自己的行为。正由于此，普鲁塔克关于宗教的理解实际上是与柏拉图相似的，可以说，普罗塔克是以政治哲学角度出发来理解宗教问题的，也就是说，普罗塔克的宗教观点不是纯哲学的立场。当然，青年时期的马克思对于普鲁塔克的看法是不认同的，这种关于宗教问题不同的看法也就体现了近代启蒙思想和古代希腊思想的不同。马克思不认为普鲁塔克的关于宗教的看法是可行的，即宗教根本不可能消除恶，也就不可能将这种希望寄托在神明身上。在关于宗教问题的看法上，马克思与伊壁鸠鲁的看法是相似的，马克思认为，根本不需要给邪恶的人戴上所谓的宗教枷锁，因为宗教根本不可能消除恶行。可以说，马克思是处于近代启蒙时期的哲学家，此时的人们对于人性的理解与古希腊时期的人们已经完全不同，此时的人们认为人性完全可以将束缚摆脱掉并且达到一种自由而全面的解放，也就是说，一直以来所希冀的人类自由而全面的解放已经完全不再需要宗教所预设的那种整体图景。

伊壁鸠鲁派由于自身在学说理论上的一脉相承已经胜过一切哲学，因为其他的哲学派别都或多或少的中断甚至终结了。由此，关于伊壁鸠鲁派的哲学不能仅仅被看作一个概念体系，该派哲学是主张被理解为感性存在的感性存在，主张平常的看法，伊壁鸠鲁将感性存在和感觉当成真理的基础和准则。这一点与斯多葛派哲学恰恰相反。在马克思《博士论文》中，他对德谟克利特的自然哲学（亚里士多德之前）与伊壁鸠鲁自然哲学（亚里士多德之后）之间的关系进行了比较，在《关于伊壁鸠鲁哲学的笔记》中，青年时期的马克思写道："我认为，伊壁鸠鲁哲学所占的地位正是希腊哲学的这种形式，这点可以说明，为什么我不把以前的希腊哲学中的这个或者那个因素放在首位，并且不把它们说成是伊壁鸠鲁哲学发展的条件，而恰恰相反，从伊壁鸠鲁哲学追溯希腊哲学进而让它本身表现自己的特殊地位。"[①] 马克思在《关于伊壁鸠鲁哲学的笔记》中引述了第欧根尼·拉尔修关于伊壁鸠鲁的论述，即所谓正

---

① 《马克思恩格斯全集》第40卷，人民出版社1982年版，第136页。

义，它并非一种可以完全独立存在的东西，它必须是在相互的交往之中，为了一种能够不伤害也能够不受害之目的所订立的契约。这一思想在马克思后来的思想演进中有着深刻的影响，他指出，伊壁鸠鲁哲学的真正基础就是社会主义，而国家建立在民众彼此的契约之上。这一理念正是当年伊壁鸠鲁首先倡导的。可以说，伊壁鸠鲁哲学首先是一种关于人生的教导，更是一种关于如何选择最佳生活方式的教导，以及那些要实现这一目标所必须具备的知识，而对于那些无助于人生幸福的知识在伊壁鸠鲁看来则完全没有意义。

马克思在《博士论文》前期准备工作中广泛地阅读了古希腊时期的哲学家著作，同时广泛地涉及了伊壁鸠鲁的假设，即原子在运动之中发生了偏斜，引用相关的经典评述并加入了自己的见解。在《博士论文》中马克思试图澄清原子偏斜的意义，这也是整个伊壁鸠鲁自然哲学的核心原则，表现了抽象的个体的“自我意识”或者自由。在马克思看来，伊壁鸠鲁哲学中的“原子偏斜论”可以说是古代原子理论的一种最高表达。由此可以看出，青年时期的马克思对伊壁鸠鲁的尊重是确切而鲜明的。在对古希腊哲学的评价中，马克思在《关于伊壁鸠鲁哲学的笔记》中写道：希腊哲学的中心或中间乃是一个哲人，即苏格拉底。马克思在伊壁鸠鲁那里找到人的能动性及自由的理论依据，在《关于伊壁鸠鲁哲学的笔记》中，当时的马克思摘录如下：“伊壁鸠鲁表示反对毫无意义地惊愕地直观天体，这种直观束缚人，使人产生恐惧。”[①] 事实上，希腊时期的自由一直是处于自在阶段的，直到伊壁鸠鲁，个人的“自我意识”才开始萌生，但是这种“自我意识”是隐藏在原子的偏斜运动之中的。

在《关于伊壁鸠鲁哲学的笔记》第二本中，马克思指出：“希腊生活和精神的灵魂是实体，这实体最初作为一种自由的实体在它们中间显露出来，所以对这种实体的认识就表现在独立的存在物中，即表现在个人中。”[②] 在《关于伊壁鸠鲁哲学的笔记》中，马克思继续写道，伊壁鸠鲁为了消除迷信和恐惧，努力探索行星的组成和运动，将人类带回应有的中心地位并获得自我意识位置。伊壁鸠鲁在天体学说这方面是与整个古希腊哲学相对的，事实上，伊壁鸠鲁的“自我意识”学说已经完全超越了天体学说。

在《关于伊壁鸠鲁哲学的笔记》第三本中，马克思继续写道：“可以把恐惧感看作不公正的人提高自己的一种方式。我们已经解释过这一点。人在恐惧中，尤其是在来自内心深处的，没法抑制的恐惧中，就和动物无异，绝对和被抓住的动物的感受无异。”[③] 事实上，打破恐惧的关键即是理解“宇宙的本质”——原子和它固有的概念，在揭开这些使人困惑的谜

① 《马克思恩格斯全集》第40卷，人民出版社1982年版，第48页。
② 《马克思恩格斯全集》第40卷，人民出版社1982年版，第63页。
③ 《马克思恩格斯全集》第40卷，人民出版社1982年版，第85页。

团之后，马克思指出，没有自然科学的相关知识就无法获得无忧无虑的快乐。伊壁鸠鲁坚定认为必须要铲除自然解释中存在的谜团，也就是说，必须要对现象进行考察并且同时看到那些不易见的地方，在那里得出结论以使得可以铲除自然界中存在的谜团。为了详尽而全面地占有资料以进行其《博士论文》创作，马克思将其他人所记载的关于伊壁鸠鲁的思想的片段加以整理和系统化以便其进行研究。这是一项庞大而艰苦的工作，这一过程也是马克思思考和解读的过程。从这七本《关于伊壁鸠鲁哲学的笔记》中可以看出马克思当时有着很多朦胧而朴素的想法，这些都体现了马克思所具有的哲学水平和思想境界。

总而言之，青年时期的马克思对古希腊罗马哲学的研究是详尽而认真的，正因为这份执著，也就使得马克思对古希腊罗马时期的哲学家有了异于一般人的理解能力和超乎寻常的自身领会。在其《博士论文》中，马克思的论点既不乏抽象性同时也具有浓郁的德国思辨传统味道，马克思《博士论文》中的某些看法也就因此蕴含了极其重要的真理性部分。事实上，马克思关于古希腊时期哲学和当时所处的社会生活背景的关联性的方面已经超越了传统看法，尤其是已经超出了由来已久的纯粹哲学史的看法。可以说，马克思在对伊壁鸠鲁哲学进行剖析之时，在其哲学中的感性论成分部分也找到了不同于，或者说，相对独立于旧哲学的主流的一个重要向度，即，柏拉图主义。马克思认为后者其实是夸大了理性的作用，这也就使得其从根本上忽视了关于哲学思考及其形而上学体系本身的根本。也就是说，伊壁鸠鲁哲学关于感性知觉及其与感性事物之间本质关联的揭示实际上是客观地将矛头指向了柏拉图主义。然而，这并不意味着伊壁鸠鲁的感性论思想在某种意义上就完成了对“柏拉图主义”的超越，莫不如说，伊壁鸠鲁哲学是作为“柏拉图主义”的对立面而与之共同分享着同一个形而上学根基，不论是伊壁鸠鲁哲学还是柏拉图主义哲学，这两种倾向都在实际上分裂了哲学和理性与其所处的时代和这个世界两者中间的一种内在关联。可以说，马克思通过阅读和思考所得到的一些对于哲学的认识不仅深刻地发掘了传统哲学的形而上根基更是深入地细化了有关形而上学困境的理解。由此，马克思完成的这七本《关于伊壁鸠鲁哲学的笔记》也就顺理成章地成为其完成《博士论文》创作的一个不容小觑的理论前提。

### （二）《博士论文》的两个附录

马克思原有的计划是要有一个更大的写作计划。由此，马克思为这一计划而写作的笔记并不是很成系统。但是，由于《博士论文》正文第一部分第四章和第五章的佚失使得这些并不完整的笔记和附录显得更加重要，因为在这些附录和注释中可以窥探到马克思原本计划写作的内容，这对于理解马克思的《博士论文》是非常有价值的。

马克思《博士论文》的附录部分只留给后世一些残篇，附录部分是通过两部分组合而成的——其中一部分是对西方哲学史上关于伊壁鸠鲁自然哲学研究的评价以及对马克思本人关于“自我意识”观点的理解的一个阐释，而另一部分则是对于正文部分的引文的相关注释。

附录片段之一就是“批评普鲁塔克对伊壁鸠鲁神学的论战”。事实上，普鲁塔克与伊壁鸠鲁的冲突是古典哲学精神与现代哲学精神的一次对决，因为当普鲁塔克继承了古典政治的基本理念，被视为罗马的柏拉图主义者之时，伊壁鸠鲁和斯多葛学派在古典政治哲学诞生之时还没有形成，但是在普鲁塔克生活的时代这两个学派已经崛起并且威胁到了古典哲学的生存，伊壁鸠鲁和斯多葛学派在一定意义上是开启了现代性的哲学形式。由此，普鲁塔克对伊壁鸠鲁学派进行了猛烈的攻击。马克思在附录中批判普鲁塔克对伊壁鸠鲁无神论的攻击是为了表达自己的无神论立场。他认为，对于某一个国家而言，另一个国家的所特有的那个神就是此某一个国家的神必须终止其存在的地方。马克思在这里提出的各个国家的不同风俗习惯和敬神传统是为了发扬他的无神论立场，他用理性来驳斥上帝的存在，也就是说，只要用理性去证明了神的存在也就同时否认了神的存在，而无理性恰恰是神存在的一种认识根源。

附录片段之二就是“原文注释部分”，在马克思《博士论文》的注释中，很多是从第欧根尼·拉尔修的《哲学名人的生平和学说》里摘抄而来的，由此，其手稿中所引用的文字都全部是用拉丁文和希腊文。

马克思在第一部分第四章（正文部分已经佚失）的注释中指出，有这样一条心理学的规律，即那个自身自由的思想理论成为现实实践的力量可以使得其成为一种意志从而转向那个一直存在于思想理论之外的世俗世界。接下来，马克思在第一部分第四章的注释中详细地写道：哲学如果以意志的形式出现来对抗这个现实世界，那么，整个体系就会被降低成为一个不再具体而又十分现实的体系，由此可以说，这个体系已经变化成了这个现实世界的另外一个侧面，那么，这个现实世界的另外一个侧面就将与它相对抗。事实上，整个哲学体系与这个现实世界的关系即反映的关系。由此推理就有了这样一个结论——世界的哲学化必然也就是哲学的世界化，从另一个角度理解就是，哲学在完成自身实现的过程中也在丧失着自身。在《博士论文》中，马克思认为，“自我意识”在把现实世界从一种非哲学的状态中解放出来的过程也是它们把自己从哲学理论中解放出来的过程。从而，“自我意识”作为一种哲学形式的双重性就出现了两个相互对立的派别：第一种就是我们熟知的自由派，这一派别始终在积极地保留着哲学的理念而且这一派别的主要活动就是展开批判并且同时向哲学之外追寻；第二种就是实证哲学，这一流派将哲学的实在性环节当作主要规定而且这一派别始终在进行哲学的内在思考。显而易见，“青年黑格尔派”就是第一种哲学派别，即“自由派”。在19世纪的30年代晚期，“青年黑格尔派”中最为激进的成员——布鲁诺·鲍威尔、路德维希·费尔巴哈、阿尔诺德·卢格等人开始转向了无神论立场，并由此继续在青年里格尔派的立场上批判黑格尔哲学以争取资产阶级的自由。可以说，马克思继承了古希腊以唯物论为主要倾向的哲学家，他认为普鲁士法来源于沃尔弗的哲学学派，拿破仑法典来自于伏尔泰、卢梭、孟德斯鸠的思想，在马克思看来，国家和法典是起源于启蒙思想和理性思想的而不是来源于宗教。

马克思在《博士论文》的注释中继续对德谟克利特与伊壁鸠鲁的细微不同之处进行阐释。德谟克利特曾指出，有不能在无中产生，这是因为，一旦承认有能够产生于无，那么，所有东西就都能够从所有东西之中产生出来了；与德谟克利特不同的是，晚期希腊自然哲学家伊壁鸠鲁认为，东西一旦被消灭从而消失了，那么，这一被消灭的东西也就变为了无，由此可以说，世界上的一切东西都可以消失变为无。但是，无论怎样变化，宇宙始终是一样的，不论是过去、现在还是将来。关于伊壁鸠鲁，马克思在注释中引用了西姆普利齐乌斯的思想从而指出：作为晚期希腊的自然哲学家，伊壁鸠鲁认为原子是不可分的，这种不可分性是由原子们的不可渗透性造成的。而对于德谟克利特，马克思认为，他与原子论的创始者留基波一样，都认为原子的不可分性不仅仅是因为它们的不可渗透性，更重要的是由原子们的极其的细小造成的。关于德谟克利特，马克思进一步引用第欧根尼·拉尔修书中阿里士多赛诺思的言论进而指出：柏拉图一度欲处理掉全部德谟克利特的作品，当然，就是他所能收集到的全部作品，可是，两位毕达哥拉斯学派的哲学家，即阿米克拉斯和克莱尼亚斯阻止了柏拉图的这一做法，这是因为这些著作已经流传很广了，即使焚毁也无济于事。事实上，古希腊时期的自然哲学家德谟克利特从来没有被柏拉图谈起过，即使柏拉图在某一问题上应该对这位自然哲学家，即德谟克利特进行批判时，他也始终未谈起这位哲学家。这里的评论是，柏拉图不想要和一位最卓越的哲学家进行辩论。

## 二、马克思《博士论文》的逻辑方法

逻辑能力在理论分析中有着重要的意义，而马克思在其《博士论文》中采取了黑格尔式的手法，他表示：伊壁鸠鲁的观点代表了人类知识水平的进步以及人类“自我意识”过程中更高级的阶段。事实上，在《博士论文》序言中马克思指出了黑格尔由于他的哲学史的庞大使得他不能够深入研究个别细节。马克思通过直接分析普罗米修斯的奋斗获得了一种根本隐喻并试图将德国唯心论的世界假设转化为自然论和唯物论的分析原则，而理解黑格尔正是进一步理解普罗米修斯式自我作为一种世界假设的基础的真正含义的必经途径。事实上，马克思的第一次同时也是最后一次对于黑格尔的批判是以黑格尔的反命题的完成开始的，在马克思的《博士论文》中推动他的就是在那个终点之后一个新开端的可能性问题。

### （一）黑格尔哲学的合理内核——辩证法

黑格尔哲学中最吸引马克思的就是它的辩证法思想。马克思在其《博士论文》中对黑格尔式的辩证法有着熟练的运用。事实上，马克思所采用的辩证法的根本隐喻可以说正是普罗米修斯式精神的痛苦。马克思的《博士论文》的论题是涉及了一种哲学，在思想史上的地位以及它的后继者与其的关系时，黑格尔在这些研究中不断地出现，在马克思撰写其《博士论文》期间已经明确了黑格尔哲学的历史地位，这位被马克思称为“导师”的人为其提供了一种方法，即辩证法。

马克思的《博士论文》是以辩证法的观点对古代自然哲学史进行了研究。马克思在查阅了大量材料的基础上进一步翔实地论证了伊壁鸠鲁的原子论与德谟克利特的原子论之间的关系，重点则是二者之间的差别以及伊壁鸠鲁对于德谟克利特的超越，在这里，伊壁鸠鲁哲学包含了注重道德实践、自由意志和无神论的诸多新因素。19 世纪 30 年代末至 40 年代初，黑格尔在德国通过自身的哲学观点以及诸多的黑格尔学派仍然占据着重要的位置。当时还在大学读书时期的卡尔·马克思在给父亲亨利希·马克思的信中写道："我从头到尾读了黑格尔的著作，也读了他大部分弟子的著作……而我同我想避开的现代世界哲学的联系却越来越紧密了。"① 马克思称黑格尔的哲学为一种"现代哲学"，这里的哲学一词对于年轻时的马克思来说更是一种价值，即一种绝对神圣的价值，马克思在黑格尔的哲学里看到了一种绝对自由、征服世界的力量。此时的马克思有一种探讨哲学的冲动，这种冲动来自于对自由的意识。事实上，哲学的对象可以说就是神性本身，是完全存在于现实世界中的神性。马克思在给父亲的信中再一次提到了黑格尔，他写道："通过概念本身、宗教、自然、历史这些神性的表现从哲学上辩证地揭示神性。我最后的命题原来是黑格尔体系的开端，在这部著作里，这个在月光下抚养大的我的可爱的孩子，像欺诈的海妖一样，将我诱入了黑格尔的怀抱。"②

黑格尔的哲学是辩证的，它揭示了自我实现的神圣灵魂。黑格尔曾经揭示出古希腊与自由主义的关系，他认为真正的哲学就是始于西方的，因为只有在西方社会之中才能有"自我意识"的觉醒。而自由一词最早出现于荷马史诗之中，此时的自由是与英雄结伴而行的，只有成为主人不受人奴役才能获取自由，这里的自由还不具备社会基础。对于黑格尔而言，生

---

① 《马克思恩格斯全集》第40卷，人民出版社1982年版，第16页。
② 《马克思恩格斯全集》第40卷，人民出版社1982年版，第15页。

命的顶点在于精神，精神的顶点在于获得自由。自由是精神的唯一的真理，是思辨的哲学的一种结论。而“我”若是依赖他物而存在的，那么，“我”必然将与“非我”的外在事物紧密相连，由此“我”也就无法失去此外在事物而单独存在。从另一个角度来理解，“我”若是仅仅依赖自身而独立生存，那么，“我”便拥有了自由。事实上，关于精神的理解，其就是此种依赖自身而独立的存在——即意识到自身的存在，也就是“自我意识”。在此，黑格尔的精神与马克思的普罗米修斯情结具有相同的特征，黑格尔更是区分了普罗米修斯的特征与甘尼梅德的特性并将他们对立起来。黑格尔从不认为普罗米修斯和甘尼梅德、精神和物质在辩证统一中对等，对黑格尔而言，普罗米修斯的价值更大，因为自由的精神不包含物质，自由的精神不受地心引力的控制。事实上，它本身就是引力从而将一切引向自己的中心。

在黑格尔的比喻里，普罗米修斯式的冲动只有通过运用才能得到实现。只有将自身之力施加在某种东西上并得以控制，普罗米修斯才能认识到自己是力。但是，普罗米修斯作为欲望本身，它的这种冲动是一种纯粹的可能性。精神是一种自己回到自己、自己实现自己、自己造就自己的活动，普罗米修斯必须与自我相分离在自我创造行为中表现出外力或者复归自我，在征服一种不是自身的力量之后才能按照自身的理想塑造一种对象性，这一过程也就显示出在多大程度上得以复归自我。黑格尔认为，精神的一切活动无非都是外在东西复归到自身的不同方式，精神的这种不依赖，精神的自由获得是通过克服他物得到的，精神只有在扬弃他物的过程中才能够验证自己，成为其概念规定的所是，由此可以说，精神在哲学视域中必然是自身自由的创造者。

对于黑格尔而言，哲学能够让人类意识到无限性，能够使人类的意识得到提升，哲学能够将人类送入一种激情状态。激情实际上是理性地理解理想和现实之和解的产物，黑格尔借此来揭示理念的永恒存在，马克思所理解的激情比宗教更加有内容，也更加热烈，哲学的激情是世界历史进程中的一种生气勃勃的精神。而马克思的哲学概念则有一种“神话性”并借此为人类带来激情，正如马克思所言：“每一个哲学家都希望使得灵魂能够摆脱其经验的局限性。”① 普罗米修斯式价值就是有机整体性的根本性隐喻，在有机过程的各个部分之间的结构也是各部分反映普罗米修斯式价值的组织力量的功能，这进而又可以作为神话的原则。事实上，戏剧的创作灵感就是来自于神话，剧作家根据神话来对事件、台词、情节等进行选择并按照特定的形式来对其进行再次加工，此后，形成的那整个过程就构成了一个戏剧的整体。“有机性这一范畴的终极意义在于

① 《马克思恩格斯全集》第40卷，人民出版社1982年版，第142页。

它的戏剧内核，即在某种繁多中实现普罗米修斯式价值的冲动。”[①] 这种戏剧的自我模式使得神话发展成为了黑格尔的辩证系统，包括马克思主义的理论基础。

在黑格尔哲学中涌现着一种普罗米修斯式的精神，普罗米修斯式冲动正是自我之本，但是这种冲动只是一种潜在的现实性，痛苦之于普罗米修斯是一种内在的矛盾冲突，这种痛苦同时是必然要得以克服的，而这种克服痛苦的行为是一种直接实存，在这里，自我系统是辩证地组织起来的。正如黑格尔所指出的：“我”是斗争，是相互斗争者以及斗争本身。成为这一对立的主宰的心灵之力是辩证法的一种定义，辩证法是现实世界一切运动和生命的推动原则。普罗米修斯式的自我运动就是辩证的，因为这种运动是矛盾的，“我”作为一种矛盾——这是辩证自我系统的一个根本性隐喻，在这里，辩证法运动的核心就是追求神圣力，追求救赎的普罗米修斯式的自我所带来的痛苦。黑格尔的形而上学就是用本体论语言重写了普罗米修斯式的自我系统，从某种意义上说，他的辩证法就是伪装成逻各斯的神话。

黑格尔的辩证思维启迪了马克思，他在《博士论文》中就运用了黑格尔的这种方法来对古希腊时期的哲学家进行分

---

① ［美］维塞尔：《普罗米修斯的束缚》，李昀、万益译，华东师范大学出版社2014年版，第96页。

析，也就是说，马克思在分析事物时是以一种戏剧的和神话的结构来进行的。事实上，马克思的思想深受普罗米修斯式自我系统，即在永罚中痛苦并寻求救赎这一根本隐喻的影响。可以说，马克思从黑格尔思想的“神秘外壳”中抽取出来的“合理内核”的意义并不在于学术理论，而是在于寻求一种打开人类解放之门的钥匙的实践目的。

正如黑格尔所言：“在希腊，我们看见了真正的自由在开花，但同时尚局限于一定的形式下，因为有了奴隶制，国家也受奴隶制的支配。自由在东方、希腊、日耳曼世界的不同，可用下面的抽象看法粗浅地予以表明：在东方只有一个人自由；在希腊，只有少数人自由；在日耳曼人的生活里，我们可以说，所有的人自由，这就是人作为人是自由的，但在东方那唯一的人也不能自由，因为自由包含别的人也是自由的，而在东方只看见私欲，任性形式的自由。自我意识之抽象的相等，我就是我，在希腊，自由仅属于少数人，所以雅典人、斯巴达人是自由的，而麦森尼亚里和黑罗德人是没有自由的。”[①] 精神的辩证运动是存在于历史的要素之中的，它是沿着回忆所有已经存在过的精神的道路来实践的，绝对或者精神在黑格尔看来不是外在的而是内在地作为一种自我发展的运动，是一种只有

① ［德］黑格尔：《哲学史讲演录》，贺麟、王太庆译，商务印书馆 1997 年版，第 99 页。

通过生成才能够存在的存在。精神沿着这条道路前进最终获得了圆满的存在和自我意识。黑格尔认为希腊世界的特有本质就是精神的个体解放，在这里，个体非常重要，正是一个一个的重要个人才创造了丰富多彩的世界。事实上，古希腊人的生活的确是一种充满生机的、真正的年轻人的活动。可以说，阿基里斯的诗中的年轻人创造了它，而亚历山大作为现实的年轻人结束了它。但是，无论是创造还是结束，在这两个年轻人身上都表现出了一种最为美好和自由的个性。

众所周知，19 世纪是从近代到现代的过渡期。当时的政治气氛依然是被法国大革命的后果所左右的，尤其是在其民族自决的观念下建立主权民族国家的追求。自由主义的目标以理性为主宰，追求着个体的自由乃至于自由经济。

马克思是在启蒙运动中成长起来的，由此，他拥有了启蒙时期哲学家所拥有的几乎全部的激情和抱负，而他中学时期积淀下来的那些浓厚的古典文学素养又使得他这种理想主义不会远离传统土壤，即使是反传统，马克思也不会无中生有、空穴来风。这一点在其《博士论文》的选题和写作过程中就可以明显地看出来。马克思认为，“在哲学史上存在着各种关节点，它们使得哲学在自身中上升到具体，把抽象的原则结合成为统一的整体，打断了直线运动，同样也存在着这样的时刻，哲学已经不再是为了认识而注视着外部世界，它开始作为一个登上了舞台的人物，可以说与世界的阴谋发生了瓜葛”[①]。事实上，哲学在决心创造世界时，则把自己的眼睛往后扔。但是，正如普罗米修斯用茴香条将天上的圣火为人类盗取来之后，他便指导人类在大地之上修建房屋一样，哲学，在理论上掌握了这个世界之后，必然要领导人们站起来去反观这个现实世界。可以说，黑格尔哲学就是如此。马克思在这里再一次运用希腊神话故事来总结自己对于哲学的发展规律的理解。事实上，运用这样的修辞并不仅仅是妆点的作用，枯燥的理论术语并不能完全地传递马克思思想的理论意义和严肃内容，马克思在《博士论文》中的文学才华的流露实际上使得其理论更加科学准确地被显示出来。马克思并不完全认同黑格尔的理论，他认为哲学不是仅仅要解释现在还要使得其能够在未来得以实现，因此只有当哲学与这个现象世界开始纠缠之时才能使得这一意图拥有实现的可能。可以说，哲学之于马克思而言是要让人类关注神圣和自由，在哲学活动中使得人类精神得到提升，使得“自我”成为征服世界的力量，即作为普罗米修斯得以显现。也就是说，黑格尔的哲学显然并没有达到马克思所想要的效果，哲学在黑格尔那里表现为一种片面的整体性，哲学仅仅是解放了人的主观性却并没有让它在客观现实中获得真正的那种自由。马克思曾经对此说道：“虽然哲学被封闭在一个完

① 《马克思恩格斯全集》第40卷，人民出版社1982年版，第135页。

善的、整体的世界之中，但是这个整体的规定性是由哲学的一般发展所制约的，这个发展还决定了哲学在转变为与现实的实际关系时所采取的形式。因此，世界的整体性一般地说是内部分离的并且这种分离达到了极点，因为精神的存在是自由的，其丰富达到了普遍的程度，心脏的跳动在其内部也就是在作为整个机体的具体形态之中形成了差别。”① 这个哲学的跳动的心脏就是普罗米修斯式的冲动，即渴望认识自身——拥有最高神性的自己。

马克思认为：“黑格尔的哲学命题是通过黑格尔的辩证法本身变成了它的对立面：所有在人类历史的范围内是真的在时间的过程中成为不合理的，因此通过它的特定目的而变得不合理……并且在人的心中是合理的每一件事注定会成为真的，然而它经常会与存在着的表象实在相矛盾。根据黑格尔思维方式的所有规则，任何真实事物的实在的命题本身决心进入另一个命题：所有存在理应消亡。”② 关于哲学实现的问题在黑格尔去世之后被黑格尔左派，也就是青年黑格尔派所继承。

马克思在《博士论文》中指出：德谟克利特从世界多样性的表象为准则对原子进行一种确认并且仅仅在外部世界和构成元素的基础上来解读原子，他并没有将原子置于一个自在自

① 《马克思恩格斯全集》第40卷，人民出版社1982年版，第136页。
② 《马克思恩格斯选集》第3卷，人民出版社2002年版，第338页。

为的对立统一运动中去加以解读，由此，他也就无法在真实的意义上理解这个世界的复杂性。可以说，伊壁鸠鲁的贡献和创新之处正是将作为“本原”即原则的原子和作为“元素”即基础的原子加以区分。事实上，正是因为原子的这一“偏移”使得原子形成了自在自为的矛盾对立统一运动。这也对德谟克利特必然性命运的无可奈何进行了破解，使得人还具有了一种可能性。

黑格尔是近代西方哲学史上首次对自由进行具体历史考察的哲学家。在他的考察过程中不仅揭示了自由的深刻内涵而且还提出了自由的具体概念。事实上，黑格尔对自由的探索就是对近代西方哲学家思想的总括和扬弃。对于黑格尔在其论述过程中将自由问题归于绝对精神之中的事实也正是要剥取其合理内核时需要加以批判剔除的部分。在黑格尔看来，理性，即人的自决的活动力量，应该是一种具体的自由，这在理论上是对主观主义自由观和形式主义自由观的一种扬弃。由此可以说，自由在黑格尔那里既不是失去了必然性的任意也不是与客观内容割裂的形式，而应该是在已经充分掌握了必然性的前提之下对主客体实现的具体性的统一。可以说，对于自由问题的认识和理解方面，黑格尔是非常深刻的。黑格尔的功劳在于他的整个哲学体系是以如此根本的方式进行思维的。

辩证运动作为一种自我发展的运动和一种以前进的方式自我外化和内化的精神，是以圆圈的方式发展的，也就是说，生成的辩证关系并不是以直线的方式进行发展的。正是由于精神在这条道路上获得了完满的存在、自我意识才使得精神的历史得以完成。可以说，黑格尔是在极其丰富的意义上完成了精神的历史。黑格尔的理解是要与现实进行和解，并不是想通过批判来改变它，而马克思对现存事物的极端批判的改变愿望正是根源于对秩序——黑格尔等基督教哲学家所创造的秩序——的一种普罗米修斯式的反抗。但是，相信自己本身的人的无神论，同时还要必须去关心世界的创造。马克思的唯物主义，作为一种无神论动机在他的《博士论文》中就已经在古典无神论者和唯物主义者的命题中表现出来了。

黑格尔认为，“自由意识”是一种客观精神，它可以做到自己决定自己。那些具体的历史人物和历史事件，其在“自我意识”面前只不过都是其借以表现自己的形式而已。事实上，黑格尔在建立自己庞大体系的过程中往往不得不为了完整的体系而对历史进行篡改。与此同时，黑格尔还会继续抓住那些具体的历史并以这种形式涵盖了很多有价值的思想。纵观人类历史发展和人类自由的进展，自由往往是以互相纠缠的两方面来进行表征的。在这里，人类的自由不仅仅是体现在人与人的关系上更是体现在人与自然的关系上。从黑格尔对自由所做的表述就可以看出他在这两方面的相互关系中提出了很多蕴含着历史事实的深刻思想洞见。马克思对德国哲学与德国现实的评价中的辩证统一的方法既将他与“老年黑格尔派”区别了开来也将他与“青年黑格尔派”区别了开来，正是由于“青年黑格尔派”的成员缺乏把握现实世界历史的物质的观点。在与整个德意志意识形态对立的过程中，马克思展开了自己的唯物主义历史观。正如黑格尔曾经的断言：自由在德国只是以概念的形式而存在的，但是，它在法国却已经取得了一种政治上的真实存在。事实上，马克思在《博士论文》中对黑格尔哲学的分析是和他早期对黑格尔的信赖不可分割的，这也对其哲学的最终走向有着极其重要的意义。

### （二）“显微镜”式的分析方法

显微镜，是人类进入原子时代的一个重要标志。显微镜将一个全新的世界展现在人类的眼前，正印证了原子论哲学家所言，即世界是由无数的原子所构成的。青年时期的马克思在自己的《博士论文》中细致地阐释了古希腊自然哲学家德谟克利特和晚期希腊自然哲学家者伊壁鸠鲁对于“原子论”的不同理解。由此，马克思之所以能够发掘出伊壁鸠鲁原子论的独到之处，如其所言，正是使用了“显微镜”式的分析方法。

马克思运用了一个比喻的方式，将自己那种细致放大以致发现理论区别的分析方法称之为“显微镜”式的，可以说是十分形象且准确的。

与此同时，马克思对古典的掌握和运用在他的《博士论文》里也表现得淋漓尽致。在《博士论文》中，马克思指出：

事实上，始终存在着一个由来已久的偏见，即将古希腊时期自然哲学家德谟克利特的物理学和晚期希腊自然哲学家伊壁鸠鲁的物理学画等号，并将伊壁鸠鲁对德谟克利特思想理论所完成的那些改进仅仅当作是一些毫无意义的瞎编乱造。由此，马克思指出："就具体情况来说，我又不得不去研究一些看起来好像无关紧要的细枝末节。二者之间的差别又极其地隐蔽，好像只有用显微镜才能发现它们。"[①] 在此，马克思通过这种"显微镜式"的分析方法找到了伊壁鸠鲁对德谟克利特理论的"细微"改变，这是通过深思熟虑而得到的非常重要的结论。

伊壁鸠鲁在原子的运动过程中假定了一个轻微的"偏斜"，这个轻微的改变就从根本上改变了德谟克利特的充满着必然性的唯物主义。可以说，原子"偏斜"对马克思的哲学有着非同寻常的意义，马克思就此进行了论述，由于一个原子对另外一个原子的撞击，使得原子的下降路径发生了变化，结果就是，原子"意识到"自我。而这样的撞击是一种物理运动，它却带来了一种创造性的结果，这种结果在德谟克利特那里被他忽视了。马克思总结说，正如原子运动一样，缺少和别人联系的生活就有如一个抽象概念的存在，只有在互动之中实体才能够成为存在，原子只有在运动中才能意识到自己就是实体的源泉和本质。同理，人类只有在和其他人的联系中才能够

---

① 《马克思恩格斯全集》第1卷，人民出版社1995年版，第18页。

真正实现人的本质，也就有了真正的社会和人类。在这里，伊壁鸠鲁不仅为马克思提供了统一实体或内容和形式的手段还提示了上述的意义。

在《博士论文》第二部分，即“论德谟克利特的物理学和伊壁鸠鲁的物理学在细节上的差别”中的第三章“不可分的本原和不可分的元素”中，马克思指出了同一种原子的不同规定。伊壁鸠鲁划分的本质的原子和元素的原子被马克思称为前一种原子和第二类原子。前一种原子也就是本原的原子是通过理智可以认识的，是不占有任何空间的，而第二类原子是从前一种原子之中产生出来的，被赋予了重量、体积和形状。这种极其细微的差别在马克思所谓的“显微镜”式的分析方法之下被其发现并且有着重大的理论价值。

马克思区分的德谟克利特和伊壁鸠鲁差别不仅仅是“原子论”方面，还有关于“天体”的阐释。伊壁鸠鲁坚持认为必须通过解释流星和其他常常发生的引起人们惊恐的现象的起因来消除恐惧以期可以达到解放自我的作用。在这里可以看出伊壁鸠鲁的哲学并不仅仅是一项为了获取得以控制自然和别人的权利而进行的哲学研究而是坚定信念的认真的研究，这一项研究的目的是要将人从并不存在的恐惧和固有思维中解救出来。可以说，正是马克思通过这种其自称为“显微镜”式的分析方法才使得他发现伊壁鸠鲁哲学与德谟克利特哲学的不同之处从而得出伊壁鸠鲁哲学不是简单抄袭和重复德谟克利特哲学的重要结论。伊壁鸠鲁哲学中的“偏斜”运动使得自由的实现有了可能，也使得人类摆脱必然命运的摆布有了可能，这一点创新是细微且伟大的。

在马克思的《博士论文》中包含了对黑格尔所创造的处境的一种间接的分析，那就是，对伊壁鸠鲁和德谟克利特的哲学考察与柏拉图和亚里士多德所终结的希腊哲学进行了联结。马克思认为，古希腊哲学的所谓解体反而成为古罗马精神的原型。由此进行类比，马克思进一步指出，在德国古典哲学之后也需要一个同当时哲学过渡到罗马时一样的集中和简单化。马克思与其他“青年黑格尔派”的成员不同，他从历史中获得了这样的认识。事实上，马克思在其《博士论文》中所提出的“自我意识”是存在于个体生命之中的，这种哲学具有深刻的历史意义。马克思高度赞扬伊壁鸠鲁哲学中的原子脱离定在的自由的伦理学取向就此也就奠定了其哲学根基，即始终站立在无产阶级的立场之上；始终努力使得无产阶级的原则成为社会原则；始终致力于对定在和必然性的批判；始终坚持着对于自由向度的追求。

事实上，不论是自然哲学领域还是伦理学领域，马克思始终都在运用科学抽象的方法进行着分析。

# 第四章　马克思《博士论文》内容

## ——德谟克利特自然哲学和伊壁鸠鲁自然哲学的比较

### 一、马克思《博士论文》的内容

1837 年夏天，马克思来到柏林大学，在这里，他加入了“青年黑格尔派”哲学的博士俱乐部之中，而布鲁诺·鲍威尔正是这一俱乐部的带头人。1841 年 3 月，马克思完成了他的《博士论文》。事实上，1837 年到 1841 年年末是马克思与布鲁诺·鲍威尔最为亲密的一段时光，这在其《博士论文》的选题中也可以窥见一二。事实上，青年时期的马克思选择了亚里士多德哲学解体之后的古希腊哲学作为自己博士论文的重点研究对象，这也是在布鲁诺·鲍威尔的影响下进行的。当时的马克思认为哲学界的主要人物都反对宗教，他也应该通过一种无神论的哲学与当时的德国宗教批判运动结合在一起。由此，正是因为伊壁鸠鲁的无神论立场使得马克思倾向于他的自然哲学研究，也正是因为布鲁诺·鲍威尔对于宗教和哲学的研究鼓励了马克思选择这一题目来进行研究。马克思的《博士论文》完成与“青年黑格尔派”有着密切的关联。“自我意识”始终是布鲁诺·鲍威尔与马克思之间关系的一个重要枢纽，在马克思的《博士论文》中能够轻易地察觉到属于布鲁诺·鲍威尔的“自我意识”哲学所留下的思想印记，事实上，马克思从神的尺度到人的尺度，从抽象人的尺度到现实人的尺度也是其对“自我意识”的接纳和拒斥的一个过程。

马克思《博士论文》选题的原因可以说是在为自己厘清与“青年黑格尔派”的历史关联，与此同时，也理清“青年黑格尔派”与其精神导师黑格尔之间的关系。戴维·麦克莱伦认为，青年时期的马克思选择了古希腊时期自然哲学家德谟克利特和晚期希腊自然哲学家伊壁鸠鲁的思想理论作为自己《博士论文》的研究主题必然不是随意的。可以说，正是因为马克思在伊壁鸠鲁的哲学里看到了一种对于“自我意识”的强调，还有就是伊壁鸠鲁对人类精神的绝对自主性的高扬，在这种强调与高扬之中也就是使得人类从迷信与必然性之中解放出来具有了可能性。还有史料表明马克思的岳父，也就是燕妮的父亲路德维希·冯·威斯特华伦是比较推崇伊壁鸠鲁的，正如马克思在博士论文献辞中写到的，“我敬爱的父亲般的朋友，请原谅我把我所爱慕的您的名字放到一本微不足道的小册子的开头。我已经完全没有耐心再等待另一个机会来向您略表我的一点敬爱之意了。”[①] 对于自己如此尊敬的一个人的深深敬意也许也是青年时期的马克思选择伊壁鸠鲁的原因之一。

事实上，整个 19 世纪欧洲知识界一场令人目不暇接的演出即将开始，“青年黑格尔派”的施特劳斯坚持着自己的革命神学，布鲁诺·鲍威尔进行着批判神学和批判哲学，费尔巴哈坚守着人本主义人类学哲学，施蒂纳则固守着虚无主义。事实上，“青年黑格尔派”与其他派别之间有着很大的区别，主要就是它们各个成员之间几乎没有相互认可的观点和比较一致的理论体系，更有甚者，成员之间一直在进行着相互的攻击和论战。在“青年黑格尔派”的成员中对马克思影响最大的是布鲁诺·鲍威尔，他将自己的哲学称为“自我意识”哲学，与此同时，他将“自我意识”视为宇宙中一切事物存在和发展的终极根据。而马克思接受“青年黑格尔派”的影响也表现在了他对《博士论文》的选题上，因为当时的“青年黑格尔派”非常重视后亚里士多德时期哲学的研究，因为青年黑格尔派认识到后亚里士多德时期与后黑格尔时期有着一些相似之处，如果能够论证后亚里士多德时期的独到价值，那么从历史相似性出发也就可以为自身的存在价值，也就是后黑格尔派哲学的价值来进行合理的辩护。

---

① 《马克思恩格斯全集》第 40 卷，人民出版社 1982 年版，第 187 页。

马克思在1837年夏天开始接触“青年黑格尔派”，而布鲁诺·鲍威尔正是将马克思引入了“青年黑格尔派”的人，当时的布鲁诺·鲍威尔正是以“自我意识”作为其哲学体系的根基的。1839年，布鲁诺·鲍威尔得到了一个波恩大学新教神学讲师的职位，他在离开柏林之前开始为马克思作计划，他希望马克思可以与自己一起前往波恩大学工作，由此，他鼓励马克思尽快完成自己的毕业论文并告诉他关于波恩大学选择教师的一些标准。马克思接下来面对的问题就是要尽快完成自己的博士毕业论文。可以说，马克思的博士论文所选择的主题按照今日的学科分类应该属于哲学史。事实上，马克思在进入柏林大学开始求学之路之时完全是一个理想主义者，可以说，这种理想主义将马克思推向了“某种非常遥远的彼岸”[①]，理想与他遇到的现实情况之间有着巨大的差异与对立。在这种差异与对立中马克思进行了思考并且认为只有通过哲学才能解决这些问题，于是，马克思将自己的注意力转移到了哲学上开始“专攻哲学”。由此，马克思自1839年起对晚期希腊哲学，特别是伊壁鸠鲁哲学、斯多葛哲学和怀疑论加以钻研，在1841年3月完成了自己的博士论文，即《德谟克利特的自然哲学和伊壁鸠鲁的自然哲学的差别》。在这里，马克思研究了古希腊时期的自然哲学观点并对其进行了比较。马克思这篇博士论文

---

① 《马克思恩格斯全集》第40卷，人民出版社1982年版，第9页。

不仅仅反映了其青年时期的学术观点同时也反映了一些政治观点。对于马克思的博士论文选题，我们必须从马克思所处的大的时代背景来进行考量。在马克思所生活的那个时代，德国在基督教和封建专制主义的双重统治之下，人民面临着需要为自由而斗争的情况，马克思力图通过以哲学为武器的批判和斗争来改变外部现实，获得真正的自由和解放，马克思为了把哲学变为反对专制制度和争取自由解放的武器，就必须提高作为人的自由和独立象征的个别自我意识在整个体系中的地位。由此，在马克思那里，“个别自我意识”就成为了体现哲学发展的精神负荷者。那么伊壁鸠鲁生活的时代是什么样子呢？在黑格尔看来，古希腊人和古罗马人的历史是世界历史的青年和成年，古希腊世界所特有的本质是精神的个性解放，正是由个人创造了丰富多彩的世界。古希腊人的生活有着美好和自由的个性，但是当这片充满自由的土地由于缺少统一性而不得不臣服于古罗马人的统治。事实上，古希腊哲学最初是以城邦为背景的实体哲学，哲学家的主要兴趣在于认识实体，这一理论旨趣同广大人民要求克服现实矛盾、改变现实世界的自由精神相脱离、相对立。到了古希腊晚期，马其顿帝国侵入，这一时期，马其顿统治的严酷现实进一步地扼杀了一切代表精神个性的东西，使人们陷入悲惨的生活处境之中，因此，个人如何摆脱痛苦、得到自由成为哲学面临的首要课题，这一历史背景与马克思当时所处的时代背景十分相似。

哲学是时代精神的精华，时代精神的精华就是时代的哲学境界，马克思与伊壁鸠鲁在相似的时代背景下，以这样一种“自我意识”的方式，即哲学的否定性统一的方式来使得哲学世界观能够确立在与“必然性”相交融的层次上。因为当时作为“青年黑格尔派”的马克思认为希腊哲学在亚里士多德以后的发展和黑格尔以后的青年黑格尔运动有着某种历史的相似，在马克思看来，亚里士多德以后的这些体系是希腊哲学发展的完成，因而是“理解希腊哲学的真正的历史的钥匙”①。这里也是说到了希腊晚期哲学并不是像传统学界认为的那样，是暗淡的结局。事实上，希腊化时期的哲学是在亚里士多德哲学趋向于结局之时产生的，此时对智慧的理解逐渐建构起了一种价值化的思想体系，与此同时，亚里士多德的哲学也在逐渐淡出，各个学派都在自身的理论范围内寻找着新的资源。可以说，希腊化时期的哲学更加具有实际意义了。在这里，马克思与其他的“青年黑格尔派”不是完全一样的，他虽然也将黑格尔的保守思想与辩证法的合理内容分开，但是，他对其进行了新的理解。而亚里士多德之后的古希腊哲学，也不是对早期哲学的完全复述，而是有了新的观点，在古希腊哲学家那里，他们只是注重对客体的认识和研究，而忽略了主体，到了古希腊哲学的晚期，哲学家们开始了转向，他们开始注重主体的认

① 《马克思恩格斯全集》第40卷，人民出版社1982年版，第189页。

识和研究，也开始重视主体对客体的能动作用。

马克思运用了黑格尔式的方法，他认为伊壁鸠鲁的哲学代表了人类知识水平的进步以及人类“自我意识”过程中的高阶阶段，马克思并且对其进行了具体的总结，他指出，伊壁鸠鲁从原子论的所有矛盾出发对以个别的形式出现的“自我意识”进行了论证，这种经过科学实践完善之后的绝对原则也就是最高形式的“自我意识”，而原子仅仅只是一种纯粹、抽象的概念。这种晦涩难懂的表达方式可以看出深受黑格尔的影响。事实上，不论任何时代，哲学都是深植于人类天性之中的，对于哲学的研究也是对于人性的一种探索，青年时期的马克思是浪漫而又富有激情的，他选中了晚期希腊时期的伊壁鸠鲁作为自己的《博士论文》研究对象也是有其深层次原因的，即，他们都是基于对人性自由的一种向往和追求。

### （一）马克思解决了希腊哲学史上当时尚未解决的问题

在《博士论文》序言中，马克思开篇就提出：“我认为在这篇论文里我已经解决了一个在希腊哲学史上至今未解决的问题。”[①] 作为青年黑格尔派的最不拘一格的成员，马克思当时的态度就是推翻经典，当然，马克思的《博士论文》有着非常学术性的一面，他的《博士论文》试图发展出一套新的、

---

① 《马克思恩格斯全集》第40卷，人民出版社1982年版，第88页。

不同的解释并以此推翻长期以来建立起来的学术观点。以往的学术观点就是：亚里士多德之后的希腊哲学家都是微不足道的，而伊壁鸠鲁的原子论就仅仅是对德谟克利特原子论的抄袭。马克思想要证明的与此完全相反，他认为，伊壁鸠鲁的哲学具有深刻地创新性，其重要性远远超过了德谟克利特。

马克思赞扬德谟克利特是“经验的自然科学家和希腊人中第一个百科全书式的学者”[①] 德谟克利特凭借着自己多年游历四方和钻研阅读所获得的经验科学知识、社会知识和自然哲学、数学、人文等知识创立了原子论哲学之基础。马克思成长于近代启蒙背景之中，这一时代背景也就使得他具有了当时启蒙哲学家的所有抱负和激情，但是，马克思又具备深厚的古典修养，这就使得他在启蒙的过程中不会远离传统。由此，在其《博士论文》中，他将自己的选题锁定在了古希腊时期的唯物论者——德谟克利特，使得他对宗教的批判也深深植根于古希腊的理论传统之中。事实上，对于德谟克利特的选择也是其日后成为唯物主义者的理论萌芽。

德谟克利特是一位先驱者，他对“早期希腊思想家的自然学观点进行综合和概括，做理论上的提升和建构，建立起西方哲学史上第一个较为完备的自然哲学体系”[②]。德谟克利特

---

① 《马克思恩格斯全集》第 3 卷，人民出版社 2002 年版，第 146 页。

② 王晓朝：《希腊哲学简史——从荷马到奥古斯丁》，上海三联书店 2007 年版，第 100 页。

以朴素的唯物主义立场出发，运用科学的抽象，立足于当时的经验和知识指出自然事物的全部生灭变化都归于永恒不变的原子的结合和分离，原子的运动则是在虚空中的位移造成的，原子和虚空是构成全部的自然事物永恒运动的因素，而原子本身非常的微小，内部充实而无缝隙，具有不可分割性，不可感知性，同时是无限多的，在这里，德谟克利特将空间称为虚空，原子在虚空中结合分离以此产生具体事物的生成和消亡。“必然性”是德谟克利特原子论哲学中的一个非常重要的范畴，他在古希腊哲学史上以哲学的意义阐述了必然性。在德谟克利特之前，赫拉克利特、巴门尼德、恩培多可勒等人都用过“必然性”这个词，但是含义是各不相同的，大体上是相当于“命运”“命中注定”的意思，也没有详细进行论证。在原子论哲学中，“必然性”这个词成为了一个哲学的范畴，德谟克利特所指的“必然性”是指事物产生所具有的因果关系，他用原子运动的必然性阐释自然界的生成和宇宙演化的进程。一切都由于必然性而产生出来而漩涡运动是万物生成的原因，这里的漩涡运动就是德谟克利特所指的“必然性”，可以说，德谟克利特的“原子论”是古希腊时期自然哲学发展的一个顶点。之所以这么说是因为其在早期自然哲学理论的地基上相对圆满地解答了“一与多、存在于非存在、本原与运动、理性与感性”等重要的哲学理论问题，这就进一步地使古希腊时期的自然哲学得以达到一个比较完善的样式，这种哲学样式首次达到了可以在完全不需要依赖任何神，或者精神的力量，仅仅以自然物质本身——原子，对自然加以合理的解释。事实上，这一哲学样式也对希腊晚期的哲学以致一直到现代唯物主义的哲学、自然科学研究都形成了一种源远流长的影响力。

在《博士论文》的第一部分第一章“研究的对象”中，马克思指出：古代希腊哲学一直以来被人们认为是以两种完全不一样的折中主义体系为终点的：第一种就是晚期希腊哲学——伊壁鸠鲁派、斯多葛派和怀疑论派，第二种则是亚历山大里亚的哲学派别。从这种看法中，我们完全有必要对其合理性进行思考并加以讨论，这种联系是否具有某种可能性？另外，值得关注的是，在柏拉图—亚里士多德哲学以后出现的这些新的派别有了更加丰富和充满新意的哲学样态，那就是，这些新的派别在物理学领域中开始转向了自然哲学，在伦理学领域开始转向了苏格拉底哲学，这一现象的出现是非常值得研究的。最后，这些在柏拉图—亚里士多德哲学体系之后出现的新的哲学体系并不是凭空出现的，在他们的哲学思想中仍然能够找到些许以往哲学的影子。这一切的现象的出现都不是偶然的并且都必然有着深层次的原因，这也是一个非常值得研究的问题。事实上，青年时期的马克思在《博士论文》开篇已经提出了如此多的悬而未决的问题，虽然现存的《博士论文》部分里，我们看到马克思没有进一步发展最后一个问题，即古希腊哲学和科学在哲人个人身上体现的统一。

马克思《博士论文》的第一部分的第四节也已经毁坏了，但是从第一节现存的笔记和马克思用以写作博士论文的《关于伊壁鸠鲁哲学的笔记》可以推断出他肯定论述过。对于马克思而言，正如黑格尔代表一个理论高峰和人类历史的一个开始一样，亚里士多德也代表了一条人类思想长河的开端，马克思打算将这一工作接过来并准备将其推向新的境界。当然，马克思认为古希腊罗马哲学有一个特有的弊病，那就是，虽然伊壁鸠鲁哲学高度强调感性知觉的实在性和重要性，但这种思维方式并没有完全超出纯粹形而上学的范围。换言之，这种思维方式更是以西方哲学主流理性传统之对立面的方式而存在于整个传统哲学框架之中。马克思对此曾指出，伊壁鸠鲁哲学认为对世间万物的认识与对主观精神的认识是没有两样的，一切都是没有能力使主观精神变得更为实在的，由此也就显而易见地包含了其对于“柏拉图主义”对现实世界的形而上学摒弃。事实上，马克思在其博士论文中对伊壁鸠鲁哲学的赞赏并不是为了证明伊壁鸠鲁哲学的完美，只是在马克思看来，作为古希腊哲学的终结——伊壁鸠鲁哲学所凸显的“个别的自我意识”是古希腊哲学难得一见的亮点，正是这一亮点吸引着刚刚踏进哲学之门的马克思。

青年时期的马克思在启蒙思想的影响下一直都对人的问题有着极其浓厚的兴趣，而其博士论文以这样一个哲学史的角度切入开始研究也就使得马克思能够极大限度地汲取启蒙运动的思想成果。正因为此，青年时期的马克思在其博士论文中称赞晚期希腊自然哲学家伊壁鸠鲁是“最伟大的希腊启蒙思想家”。但是，马克思并非完全认可并接受了伊壁鸠鲁的“原子论”思想而是进一步指出伊壁鸠鲁通过“原子论”所证明的“自我意识的自由”仅仅是一种“抽象的个别意识”，而这种局限于观念领域的自由是很难与现实世界发生直接联系的。基于此，马克思在其今后的哲学研究中也就一直将如何克服“自我意识”的抽象性和如何使“自我意识”与现实产生真实的关联等一系列问题作为主要思考的内容。

在《博士论文》第二部分“论德谟克利特的物理学和伊壁鸠鲁的物理学在细节上的差别”的第二章“原子的质”中，马克思指出：伊壁鸠鲁思想理论中的“原子”的特性与德谟克利特思想理论中的“原子”的特性有着本质的区别，即伊壁鸠鲁认为，“原子”存在三种不同的特征——体积、形状和重量，可是在德谟克利特看来，“原子”没有重量这一特征而只有体积和形状的特征。在此，伊壁鸠鲁对德谟克利特的原子论进行改造和创新，也就是，伊壁鸠鲁认为“原子”还具有第三种特征，那就是重量。伊壁鸠鲁提出这样的说法是有他的理由的，那就是——因为在重心里，物质具有一种个别性，即存在于构成原子主要规定之一的观念之上的特性，由此，一旦原子被转移到表象的领域内就必然会具有了重量。由此，原子的第三种特征——重量可以说是作为不同的重心而存在的，原子本身是实体性的重心。在虚空之中重量就消失了，由此，伊壁鸠鲁得出结论——原子，仅仅只是在排斥中以及由于排斥而形成的组合中方能应用“重量”这一原子所拥有的特征。马克思于是在此指出，只是原子的聚集而不是原子本身才拥有重量。

### （二）马克思阐释了德谟克利特与伊壁鸠鲁自然哲学的差别

原子论是古代朴素唯物主义发展的最高成就，虽然古代原子论哲学只是一种假设并没有精确的科学计量，但这种对世界物质本原的思考是非常有价值的。留基波被公认为是原子论的创始人之一，而德谟克利特和伊壁鸠鲁就是古代原子论哲学的主要代表。

在原子论者看来，世间一切都是由不可分割的微粒所组成的，它们在材质上完全一致而形状和排列方式却不尽相同，原子运动则是通过彼此的挤压和撞击完成的，原子与原子之间只存在着空无。留基波曾指出：没有任何一物的生成是没有计划的，一切都有意义，而且是必然的。原子论发展到德谟克利特以后，他将留基波的原子论延展为唯物论，德谟克利特指出，由原子排列组合而构成的物体本有的特性是所谓的客观初性，如空间的占有性、惰性、密度与硬度。反之，颜色、香臭、味道等则是主观的次性，随人的知觉而起。知觉之所以可能是因为物体向外流射了微小的图像。事实上，灵魂是由微小的原子构成的，它们被外来的小图像撞击之时便会产生感官知觉。与此同时，德谟克利特还将人类的理智活动还原为物质性的、原子层次的过程。德谟克利特的伦理学认为人应该努力通过理性、节制、感官享乐的减抑来达到灵魂的理想状态，即平衡和安宁。原子论发展到伊壁鸠鲁，他以德谟克利特的原子论为本，认为一切物体均由原子组合而成，原子除了形状、重量、大小外不具备任何性质。它们在数学上是可分的，在物理上却是不可分的。唯有如此才能解释为什么原子不能在无当中消解同时也显示不同的形状。正是由于原子有了不同的形状，物体才拥有了不同的外貌。伊壁鸠鲁认为，原子因为其重量之故不停地在空间中平行坠落，但是在这一坠落过程中由于“偶然”的因素，其中有一些原子改变了方向，撞击到了其他的原子从而与它们交织在一切，由此，物体形成。原子的数量与空间一样是无限的，正是因为这一原因，伊壁鸠鲁主张在宇宙中存在着无数世界。认识论被伊壁鸠鲁称为规准学，其物理学上的根基是图像，图像形成的原因是物体表面有原子游离，在观察者物质性的灵魂上留下了细微的印记。感官知觉被认为是真理的试金石。伊壁鸠鲁伦理学的根本原则是快乐。每个生命体都是自然而然地追求快乐，避免痛苦。快乐的定义在伊壁鸠鲁哲学中是痛苦与不安的阙如，生命以快乐为目标。由此，在快乐与痛苦之间就没有中间地带存在了，伊壁鸠鲁认为快乐在饥渴等基本需求满足之后就不会再进阶而只能变化。根据伊壁鸠鲁的看法，诸神也不会干预世事的各种演变，诸神们过着愉悦的生活更不会以这些沉重的任务来扰乱自身的宁静。当然，伊壁鸠鲁也认为世界的历程不会受到必然性和命运的掌控。

原子论哲学在中世纪时期曾一度被认定为异端邪说，但是其自身的魅力与价值还是在近代被挖掘出来了。无论是培根还是伽桑迪一直到牛顿都对原子论哲学推崇有加。青年时期的马克思深受启蒙思想熏陶，他自然也不例外。关于德谟克利特与伊壁鸠鲁的自然哲学，马克思研究时的现实形势是这样的，即大多数人都认为伊壁鸠鲁仅仅是剽窃了德谟克利特的原子说和阿里斯提波的快乐论而已，并没有什么创新之处。甚至有很多同时代的哲学家辱骂伊壁鸠鲁并且猛烈的抨击他。但是，青年时期的马克思对此提出了大胆质疑，他认为伊壁鸠鲁的自然哲学是对德谟克利特的超越而非仅仅是众人所认为的简单的剽窃，伊壁鸠鲁的原子论是他自然哲学体系中最坚实的理论基础，他研究自然的目的是为了求得心灵的宁静，虽然伊壁鸠鲁的原子论是接着德谟克利特讲的但是与之有着原则性的差别。

无论是在希腊世界还是罗马世界，其内在的界限都在于——古代精神在自身之外还有一个盲目的命运，以致最终的决定都要以其他方面为条件。当时的人们尚且还不是能够具有一种完全地与自身同在的、无限自由的人格，人们的性格在这一精神阶段上还没有能够达到解放自己，即为自己而存在的程度。而伊壁鸠鲁在原子论中的创新为自由提供了一种可能，原子运动是永恒不变的，伊壁鸠鲁认为原子在虚空中有三种运动，一种是原子垂直运动，这是因为原子有重量；另一种是原子脱离了直线而产生偏斜运动；第三种则是肇始于众多原子的相互碰撞而产生的运动。在这三种运动中，德谟克利特是不主张原子有脱离直线的偏斜运动的，这完全是伊壁鸠鲁的独创。原子的偏斜就涉及了对偶然性的解释和强调，而德谟克利特只承认必然性，垂直运动就是必然性，而稍微偏斜一些则论证了偶然性，这一点使得伊壁鸠鲁的哲学有了肯定人和生命的自由意志原则的重要意义。

事实上，古希腊哲学的开端则是一种纯粹的理性的沉思，是一种非实用的向上精神，这也就使得理性精神不能与实践相结合。公元 529 年，东罗马帝国皇帝查士丁尼下令关闭了柏拉图建立的“学园”，这也就标志着古希腊哲学的终结。而晚期希腊哲学实际上是民主制衰落、罗马帝国扩张后的时代产物。斯多葛派的创始人芝诺是犬儒学派克拉底的学生，由此希腊化时期的斯多葛派也就更适合罗马帝国统治下的臣民。希腊化时期一般意义上是指公元前 334 年亚历山大东征至公元前 31 年屋大维建立罗马帝国，但是希腊化时期的哲学却一直到罗马帝国建立后仍然有着深厚的影响。由此可以看出，马克思之所以赞扬伊壁鸠鲁，是因为他在伊壁鸠鲁的哲学中得到了自己想要的，那就是“个别自我意识”的高扬，即自由的精神。因为在伊壁鸠鲁的哲学里，原子的偏斜即代表着个人偏离强权统治秩序的自由，原子的相互排斥就象征着公正的契约和友谊的新秩序，伊壁鸠鲁认为公正是取决于约定俗成，即众人为维护利益而达成的协定。这也正是马克思和他生活的那个时代所需要的。

正如梅林曾经指出的：马克思在其共产主义中提出的人类全面自由发展的思想正是其在《博士论文》时期就开始的工作的一个精神性的完结。马克思在对伊壁鸠鲁的“原子偏斜运动”理论中的“偏斜”进行理解时指出：“正如点在线中被扬弃一样，每一个下坠的物体也在它所描绘的直线中被扬弃。在这里与它所特有的质是没有关系的。一个苹果下坠时所描绘的垂直线和一块铁下坠时所描绘的一样。因此，每一个物体，如果处在下坠运动中，就不外是一个运动着的点，并且是一个没有独立性的点，一个在一定的存在中，即在它自己所描绘的直线中——丧失个体性的点。”[①] 马克思是在纯概念和纯形式的角度来理解伊壁鸠鲁所讲到的“偏斜”的。事实上，点，就是辩证法的肯定阶段，线是对点的否定，是辩证法的否定阶段，斜线就是对线的否定。由此，原子的否定形式——直线，就是原子的物质性，而直线的否定形式——偏斜运动，就是原子的形式性。只有这样，原子才摆脱了直线下坠所带来的必然

① 《马克思恩格斯全集》第40卷，人民出版社1982年版，第211页。

性而拥有了偶然性。如果原子不偏斜那么这个世界永远不会被创造出来。

青年时期的马克思的精神气质决定了他选择了现实化、实践化的哲学。他被赋予了一个强大的、活跃的、无情的头脑，对不公正的敏锐感觉，和少到可被忽略的感性。他排斥虚饰且情绪化的知识分子和愚蠢且自满的资产阶级。前者在他看来是漫无目的的喋喋不休者，他们脱离实际，而且不管是真诚的还是虚假的，他们都令人烦恼。后者则是伪善和自欺欺人的，沉溺于寻求财富和高位而对时代的显著特点视而不见。事实上，马克思所要追寻的是真理而非高贵，在马克思早期思想体系形成的过程中，他始终都是在不断地使自己的假设与在其他人作品中发现的真理加以融合而形成新的理论，这种结果的原创性并不要求任何单个构成环节的独创而是指他们在中心论点周围相互联系以致各环节在一个系统的整体下相互遵循、相互支撑。正由于此，探寻马克思先进思想的源头就成为一种相对容易的工作。可以说，马克思按照自己的方式遵守着欧洲最古老的传统，这就使得其始终安稳而强大，就像古代那些执行上苍给予的任务的先知，马克思拥有一片内心的宁静，他澄澈地坚守未来理性社会的信仰，他在各个方面观察并见证了腐烂和毁灭的迹象。“就他看来，这个耄耋之年的衰朽秩序在他面前摇摇欲坠；为加速它的崩塌并减少其濒死时的痛苦，他付出了比所有人更大的努力。”[①] 当然，这种宁静不是伊壁鸠鲁式的遁入内心而是平静地面对革命带来的狂风暴雨式的攻击，马克思坚韧的品格和执拗的性格也是使他将“静观”现实化为“行动”的重要原因之一。

马克思在其《博士论文》第二部分的第四章“时间”中又继续阐释了伊壁鸠鲁与德谟克利特的细微差别，古希腊时期的自然哲学家德谟克利特认为，“时间”之于整个哲学体系而言是毫无意义的，与此同时，“时间”也毫无必要性。甚至于德谟克利特认为“时间”是永恒性的并将“时间”从原子中剔除出去了，他认为有些事物不一定有起源和开始这样一个环节。希腊晚期自然哲学家伊壁鸠鲁则认为“时间”从本质世界排除掉之后就被规定为偶性之偶性了，对于现象世界而言“时间”就像本质世界中“原子”，可以说，“时间”是所有确定的定在之抽象、消灭和向“自为”而存在的一种回返。晚期希腊自然哲学家伊壁鸠鲁认为，原子只是一种抽象的、独立的“自我意识”的自然形式，而那所谓感性的自然形式也不外是客观化了的、经验的、个别的“自我意识”，这里所提到的“自我意识”即感性的“自我意识”。由此可以说，感官完全可以成为自然形式中的权威而唯一的标准，这也与抽象的理

① Isaiah Berlin. *Karl Marx—His Life and Environment*, *Fourth Edition.* Oxford University Press, USA. 1996, p. 9.

性完全可以成为原子世界中的权威而唯一的标准的看法完全相同。

在《博士论文》第二部分的第五章，马克思就“天体现象”探讨了伊壁鸠鲁的天文学见解，可以说，伊壁鸠鲁在这方面的理解是相当的“离经叛道”的，因为在当时几乎所有的古希腊哲学家都有着对于天体的一种崇拜，但是，自然哲学家伊壁鸠鲁相当大胆的反叛了当时属于整个希腊民族的世界观。就此，伊壁鸠鲁指出，如果承认了天体的永恒性，必然就会搅乱“自我意识”的心灵宁静，那么也就可以说，这种能够导致心灵无法宁静的东西是绝对不能够、也不应该存在于这个永恒的宇宙之中的。由此，伊壁鸠鲁得出结论：天体不是永恒的。马克思在这里指出了伊壁鸠鲁面临的一个重大的矛盾。伊壁鸠鲁在与整个天文学以及天体系统之中的永恒规律和理性进行斗争时，天体中发生的过程被认为是原子偶然运动形成的，由此天体的永恒性被瓦解了。由此，天体就成为了现实的原子，此时的伊壁鸠鲁一定会得到属于他的“原子论”的最高存在和自然哲学体系的顶点和终点。事实上，伊壁鸠鲁一旦在天体中发现不可毁灭的物质就是使其降到大地之上成为可以消逝之物，这就使得他必须去反对那些对他来说最重要的物质实体的个体性，也就是独立自然的人类。这种矛盾使得伊壁鸠鲁的自然哲学始终贯穿着本质和存在、形式和物质的矛盾。马克思认为就是在伊壁鸠鲁意识到这一矛盾之时，也就是伊壁鸠鲁自己坦诚地道出这一矛盾之处才是伊壁鸠鲁哲学得到的最为深刻而又彻底的结论，即，若抽象的、个别的“自我意识”将自身作为一种绝对原则而存在，那么，因为个别性在现实事物种并不占主要位置，所以，那些关于现实的科学都消失了。与此同时，因为关于人类意识的东西是归属于想象的，所以那些关于人类意识的东西，也就是超验的东西也就全部消失了。与此相反，若是将那种“自我意识”——仅仅在抽象的、普遍性的形式下表现其自身“自我意识”提高到绝对真理的位置，就会为崇拜天体的、不自由的神秘主义提供捷径。对于这一现象，斯多葛学派已经在历史上进行了解释——抽象的、普遍的“自我意识”始终有着一种在事物自身中肯定自己的倾向，而要是想在事物中得到肯定就必须同时否定它们才行。

总而言之，与古希腊时期的自然哲学家德谟克利特不同的是，晚期希腊哲学家伊壁鸠鲁的自然哲学认为“自我意识”的绝对性以及自由应该是以个别性的样式加以解读的。

## 二、马克思《博士论文》的创新

德威特曾经指出：“将自由与原子的偏斜运动联系起来的

方式是马克思经典著作中最为不凡的创举。”① 在伊壁鸠鲁的哲学里，自由与人的意志始终有着重要的地位。马克思在其《博士论文》的序言中表明其研究目的是为了填补关于古希腊哲学史研究上的一块空白，即黑格尔对伊壁鸠鲁、斯多葛派和怀疑派哲学这个流派分析的空白。事实上，青年时期的马克思对于伊壁鸠鲁的理解有着自身的特点，马克思认为，对伊壁鸠鲁哲学的研究必须在新的层面上展示出某种新的可能。也就是说，马克思认为，哲学的年轻状态在某种意义上就代表着未来的某种发展可能，由此，哲学的方向确定也就意味着新的发展可能。由此，马克思的哲学就是在这样的氛围之中去寻找一种新的哲学资源以提供新的发展可能。

在黑格尔的《哲学史讲演录》中，马克思认为其并没有完全地认识到伊壁鸠鲁、斯多葛派和怀疑派这三派哲学在西方整个希腊哲学史上的重要地位。在《博士论文》正文第一部分“德谟克利特的自然哲学和伊壁鸠鲁的自然哲学的一般差别”的第一节“研究的对象”中，马克思就提出了疑问，即，伊壁鸠鲁派、斯多葛派和怀疑论的出现到底属不属于偶然产生的个别现象呢？作为晚期希腊哲学派别的它们到底有没有古罗马哲学的精神原型呢？这些哲学派别的思想理论到底存不存在

① Norman Wentworth DeWitt. *Epicurusand His Philosophy*. Westport，Conn：Greenwood Press，1976，p. 6.

现代社会都能够认可的强有力的精神上的公民权呢？在此，青年时期的马克思提出了一系列的问题，其目的正是为了呼吁人们去关注晚期希腊这些哲学派别的历史重要性，由此可以看出，青年时期的马克思是要将对伊壁鸠鲁派、斯多葛派和怀疑论的研究置于整个古代希腊哲学的大环境中去进行的。在第一部分第一节最后，马克思更是明确地说明了自己选择德谟克利特的自然哲学和伊壁鸠鲁的自然哲学的差别来作为自己论文的研究主题并非一个最为合适的起点。这是由于，一方面，人们始终有着根深蒂固的偏见，另一方面，就是必须就某些细节进行咬文嚼字的研究。

这就是马克思《博士论文》的开端，在这里他开宗明义地指出了自己将要解决的问题，同时也指出了这一问题在他之前所存在的一些判断。接下来，马克思阐述了斯多葛派的波西多尼乌斯、尼古拉和索提昂和学院派的科塔、西塞罗等“对德谟克利特的物理学和伊壁鸠鲁的物理学的关系的判断”。在这些人眼里，晚期希腊自然哲学家伊壁鸠鲁是一无是处的，他仅仅只是一名遵循着古希腊时期自然哲学家德谟克利特的哲学思想来完成自己思考的哲学家而已。普鲁塔克甚至认为，作为一名自然哲学家，伊壁鸠鲁在整个希腊哲学中所得到的知识大部分都是不正确的并且他对于其中那些真正的知识并不是非常明白。近代作家莱布尼茨也认为，“伊壁鸠鲁从德谟克利特那里抄袭了很多，而往往又不能抄袭到最好的东西。”从这些判断可以看出，过去的哲学家一致认为伊壁鸠鲁的物理学是从德谟克利特那里抄袭而来的，而这正是马克思开始其《博士论文》的起始点。青年时期的马克思从德谟克利特的自然哲学与伊壁鸠鲁的自然哲学等同起来所引起的困难开始了他的研究，并进一步指出，原子和虚空这两个原则虽然是相同的，但是在一些个别的规定里有着任意的、非本质的差别在支配着。马克思从这一角度出发阐释了伊壁鸠鲁的“原子偏斜”运动对德谟克利特“原子论”的超越之处——只有“原子偏斜”运动才能真正展现出原子的真实灵魂和抽象的“个别自我意识”。可以说，这正是一条横贯于整个伊壁鸠鲁哲学的、超出决定论的自由解放原则，也正是基于此，马克思才说伊壁鸠鲁的“原子偏斜”理论已经彻底地改变了原子王国的整个内部结构。

马克思在其《博士论文》第一部分第三节里一直在竭力证明自己的观点——德谟克利特的自然哲学和伊壁鸠鲁的自然哲学是完全不同的。首先，德谟克利特并不认为人类可以弄清楚知识的真理性，也不能够准确地判断知识的可靠性。事实上，德谟克利特一直将感性的实在当作主观的假象并认为那些已经从现实世界排除出去的二律背反依然在“自我意识”之中存在，然而，与德谟克利特完全不同的是，伊壁鸠鲁始终认为哲人应该对现实事物采取独断的态度，人类不应该对现实事物有怀疑的看法。其次，作为自然哲学家的德谟克利特并不仅仅满足于哲学，他精通物理学、伦理学、数学，他周游世界，投入实证知识的怀抱，总而言之，在德谟克利特看来，那些所谓的真实的知识其实是没有内容的，可是那些能够为他展现内容的知识又缺少真实性。而伊壁鸠鲁则是在哲学中感受到了幸福和满足。最后，马克思认为，造成德谟克利特自然哲学与伊壁鸠鲁自然哲学差别的并不是这两位哲人的偶然个性而是二者所存在的哲学思想上的完全不同的两个方向。德谟克利特将必然性看作是现实性的反思形式，他认为命运充满着必然性，而必然性则是世界的开创者。与此相反，伊壁鸠鲁认为世界上并不存在着必然性，与其如此认为世界充满必然性毋宁说偶然性始终是存在着的。由此，伊壁鸠鲁认为完全可以相信偶然性的存在而非众人所相信的神。事实上，作为晚期希腊自然哲学家的伊壁鸠鲁认为自己对于“原子论”如此理解的真正目的是在于——寻求“自我意识”的宁静而非在于获取关于自然的知识。

事实上，哲学需要对自身的存在给予必要的论证，这意味着哲学没有多少自身的内在力量来为自身给予论证，哲学是脆弱的但是在一定条件下又是刚强、自由的，哲学这样的品格在哲学的蕴涵中有着特殊的力量。马克思在其青年时期一直是一位充满浪漫主义情怀的热血青年，他在其《博士论文》序言中高度称颂了为人类盗取火种的普罗米修斯，讴歌了他的奉献精神，称他为圣者和殉道者。与此同时，在马克思的《博士论文》中关于德谟克利特的自然哲学和伊壁鸠鲁的自然哲学比较中马克思更倾向于伊壁鸠鲁，而且马克思高度赞扬了伊壁鸠鲁原子运动中所预设的“偏斜”运动，因为只有“原子偏斜”才给人类生活带来了自由的可能性。

在《博士论文》第一部分的结尾，马克思写道：古希腊时期自然哲学家德谟克利特，晚期希腊自然哲学家伊壁鸠鲁，这两位哲学家并不是简单的“原子论”的传承者那么简单，甚至可以说，他们在各自哲学思想中的每一步思考都是不同的。他们之中，德谟克利特是一位怀疑论者，他更是将感性世界认作主观假象；而伊壁鸠鲁则是一位独断论者并将感性世界当作客观现象。

整个19世纪，康德、黑格尔和其他德国的唯心主义哲学家都在构建着自己精致的思想体系，他们对当时的宗教、哲学、美学等领域都产生了很深的影响，但马克思对其展开了批判，他反对那个时代的整个资本主义经济结构和德国哲学界唯心主义倾向。在此也可以说，马克思在其《博士论文》中正是希望能够借助伊壁鸠鲁“原子偏斜”所展示出的那种“个别自我意识”自由对黑格尔“绝对精神”王国的封闭世界进行一种冲击进而达到能够走出决定论的藩篱的目的。也可以说，马克思正是要让自由的哲学可以去到现实的世界中去干一番事业。

伊壁鸠鲁可以说是古希腊思想界的一个异类，伊壁鸠鲁在原子论的基础上坚持个体本位论以寻找自由。一直以来，“西方哲学的基本旨趣自柏拉图开始就表现出对‘事件’的贬低，这就使得以往的哲学思考方式都始于‘事件’但是绝不止于‘事件’，而以往的哲学思考方式都是在否定‘事件’的客观性性质，将‘事件’消解在精神自身的活动之中。”[①] 马克思则是将对于世界的理解在现实的世界中进行一种展开，这也就使得具有深厚古典学养的马克思也一样着力关注这个人类命运的根本问题，在此，他的《博士论文》可以说即关于人类如何获得自由这一问题的积极回应。事实上，在《博士论文》中，马克思如此重视伊壁鸠鲁派、斯多葛派和怀疑派哲学更大一部分原因是这一派别的哲学是黑格尔所说的“自我意识哲学”。青年时期的马克思指出，古罗马社会是一个缺少自由的社会，在这样的社会里，所有代表美好与自由的东西都消失了，由此，晚期希腊哲学家提出的“自我意识”哲学就使得人们可以遁入内心世界从而在主体的思想中追寻自身的宁静和自由。反观马克思当时生活的德国，这个国家在基督教和封建专制的强权统治之下，因而也同样存在着为自由而抗争的形势，当时的人们都期望能够以哲学为思想武器，对现实世界进行批判进而改变外部世界获取真正的自由。因此，为了把哲学变成

① 张雨欣：《论马克思“事件”思考方式之内蕴及其现实价值》，载《学术交流》，2016年第2期。

反对专制制度和争取自由解放的武器就必须提高作为人的自由和独立象征的“个别自我意识”在整个体系中的地位。

哲学是时代精神的精华，“自我意识”哲学的内容和形式必然也会随着不同的时代背景变化而发生变化，尽管如此，“自我意识”哲学的终极任务却始终都是要为人类提供安身立命的精神归宿。

### （一）马克思发现伊壁鸠鲁哲学“原子偏斜”运动的哲学意义

在《博士论文》第二部分“论德谟克利特的物理学和伊壁鸠鲁的物理学在细节上的差别”的第一章“原子脱离直线而偏斜”中，马克思论证了晚期希腊自然哲学家伊壁鸠鲁的“偏斜运动学说”。他考察了西塞罗、皮埃尔·培尔、绍巴赫等对伊壁鸠鲁偏斜运动学说的批评和嘲笑之后开始了自己对“原子偏斜”运动的研究。马克思指出：事实上，与点在要线中被扬弃相似，那些正在下坠的物体同样也在它自身所绘制的直线之中被扬弃了。可以说，所有的物体在下坠运动过程中都仅仅是一个运动着的点而已，并且这个运动着的点是失去了独立性的点，是一个在它自身所绘制的直线中失去了“个体性”的点而已。由此可知，原子最该给予否定的定在就是和原子相对立的存在——直线，而原子做直线运动的否定性存在就是另一种运动——原子偏离直线的运动，即“原子偏斜”运动。

马克思在《博士论文》中借由伊壁鸠鲁来印证自身的想法。在这里，马克思关于古希腊时期自然哲学家的比较研究也可以说是他对于无神论和唯物论的研究，甚至可以说是青年时期的马克思远离宗教进而得以抵达现实的一种尝试。根据伊壁鸠鲁的阐述，马克思进一步指出，原子脱离直线而“偏斜”不是随意而偶然的表现于伊壁鸠鲁物理学中的一种特殊规定，甚至相反，这种原子脱离直线的“偏斜”所体现出来的规律是存在于伊壁鸠鲁的全部哲学之中的。

马克思充分肯定了伊壁鸠鲁在探讨意识对存在的关系问题上建立起的新起点。但伊壁鸠鲁否定自然界的独立存在及其发展的合理性从而把哲学的兴趣完全引向主体本身，遁入了内心生活，脱离了外部世界，这又是马克思一再批评的。马克思探讨了原子概念在现实世界的实现问题，指出了伊壁鸠鲁把原子的个别主观形式作为绝对原则，还具有反对天体崇拜等虚假观念的意义。马克思说：“当天体被说成是原子的偶然复合，天体中发生的活动被说成是原子的偶然活动时，斯多葛学派的迷信和他们的整个宇宙观便被驳倒了。”[①]马克思认为伊壁鸠鲁的偶然性否定了宗教神学，这一点马克思与伊壁鸠鲁是持相同观点的，他们都是无神论者。但马克思与伊壁鸠鲁不同之处是他主张通过哲学实践来改变现实世界，这表现出了马克思对每个

① 《马克思恩格斯全集》第40卷，人民出版社1982年版，第204页。

人自由的政治的诉求。在马克思的《博士论文》中他以一名黑格尔弟子的身份、一名青年黑格尔派成员的身份对古希腊两位自然哲学哲人进行了比较。

事实上，这里的黑格尔更多的是经过布鲁诺·鲍威尔改造过的，马克思得出的结论就是布鲁诺·鲍威尔指出的人类自我意识也正是其之前就指出的——希腊化时代的哲学家代表着“自我意识”辩证过程中的一个高潮。

在《博士论文》第二部分“德谟克利特的物理学和伊壁鸠鲁的物理学在细节上的差别”中的第一章“原子脱离直线而偏斜”的最后一部分中，马克思进一步指出：伊壁鸠鲁的“原子偏斜”理论在实际上根本改变了原子王国的整个内部结构，这是因为形式的规定性在原子的“偏斜”中得以显现而原子的概念中所蕴含的矛盾也显露出来了。可以说，伊壁鸠鲁是最先看穿了原子排斥运动的本质的，这种理解尽管当时只是在一种感性形式之中，但相对于德谟克利特而言，伊壁鸠鲁是对其有所超越的，这是因为德谟克利特当时只是意识到了原子的物质存在。青年时期的马克思进一步指出，把伊壁鸠鲁的原子排斥运动在一些更加具体的形式中加以运用是完全可以的。例如，在政治领域中，可以将这种排斥理解为契约，在社会生活中，可以将这种排斥理解为友谊。伊壁鸠鲁曾经在“致美诺伊库斯的信”中写道：我们最好去接受诸神的神话而不是去成为物理学家的必然性奴隶。由此可以看出，伊壁鸠鲁选择

“花园”作为安身之所并不是一个随意的决定。

马克思虽然高度赞扬伊壁鸠鲁对于“偏斜”运动的发现，但是伊壁鸠鲁还是有很多不足，这就表现在以下几个方面：首先，伊壁鸠鲁仅仅是将“自我意识”看作一种解释世界的尺度和落脚点；其次，正如青年时期的马克思所提出的，伊壁鸠鲁的理论不足之处就在于，仅仅了解观念存在于意识中，却不去了解观念的界限、原则和必然性；最后，作为一种超越，伊壁鸠鲁关于实体哲学的前提仅仅是在意识中清除了实体，而作为一种真实存在的实体却仍然以一种前提的形式存在着。

可以看出，对于伊壁鸠鲁哲学的局限性，青年时期的马克思有着清醒的认知，在这些存在的问题之中一个重点就是这些深刻的分析不是只具有认识论意义同时还有着更为深刻的本体论意蕴。事实上，马克思对于伊壁鸠鲁的一系列分析都是在服从于更高的目标，那就是，他始终认为，伊壁鸠鲁的“自我意识”原则是在追求着一种内心的宁静而他最后得到的也就只能是抽象而又神秘的主体，这一主体并不与现实世界发生任何实质性关系，可以说，伊壁鸠鲁始终沉醉在“自我意识”的宁静之中而忽视了对现实世界的抗争。这一点是马克思不能认同的。

### （二）马克思在原子“偏斜”运动中寻找自由

青年时期的马克思在选择博士论文写作的题目时注意到古

希腊哲学史上不太惹人注意的历史人物正是因为布鲁诺·鲍威尔，之所以如此说是由于布鲁诺·鲍威尔曾不满地指出——黑格尔完全没有能够给予伊壁鸠鲁派、斯多葛派和怀疑论哲学以他们本该拥有的充分的认识，布鲁诺·鲍威尔在黑格尔没有充分给予评价的地方运用自己的“自我意识”哲学充分给予了伊壁鸠鲁以高度的评价和赞扬。

马克思在这一点上找到了参与“青年黑格尔派”争论的入口，马克思在“自我意识”哲学中寻找着自由，这也是采取了与布鲁诺·鲍威尔一样的思考方式。可以说，“自我意识”是构成布鲁诺·鲍威尔哲学的一个核心范畴，“自我意识”在鲍威尔的哲学中是一切事物发展的源头，在那里，“自我意识”可以创造和摧毁一切。布鲁诺·鲍威尔之前曾经跟随黑格尔学习神学，后来开始确立起自己的“自我意识”哲学。鲍威尔曾指出：世界历史的唯一力量即——“自我意识”而世界历史本身在“自我意识”变化、发展以外就再也没有任何其他的价值了。“自我意识”在布鲁诺·鲍威尔那里是为了实现自由而存在的，布鲁诺·鲍威尔在批判宗教时曾说过，人的本质就是在于可以自由地思想，这一思想对马克思也产生了毋庸置疑的影响。

马克思在《博士论文》第二部分的第五章中对“偏斜”进行了详细论述，马克思认为伊壁鸠鲁对德谟克利特哲学的这种细微的改变不是随意的臆造而是经过深思熟虑的，随之而来的也是一连串意义深远的后果。伊壁鸠鲁在原子的运动过程中假定一个轻微的“偏斜”，就是这一“偏斜”彻底改变了德谟克利特的命定的定在形式。马克思在《博士论文》的献辞部分称赞路德维希·冯·威斯特法伦满怀对真理的激情与冷静……怀揣着让人深信不疑的、充满阳光的理想主义。事实上，也只有怀揣这种理想主义，才能知晓那能够获得关于这个人世间的所有真理。可以说，“他从不在倒退着的幽灵所投下的阴影前面退缩，也不被时空上空常见的浓云迷雾所吓倒，相反的，他永远以神一般的精力和刚毅坚定的目光，透过一切风云变幻，看到在世人心中燃烧着的九重天”。[①] 在这里，“进步”与“黑暗”这两个名词是当时德国很多自由主义者使用的一种暗语，代表着他们的理念以及对待敌人的态度。可以说，马克思通过这些名词暗语的使用也是在表明自己的立场，即对自由思想者的认同和鼓励，这也与马克思当时所在的青年黑格尔派的立场相吻合。事实上，在探讨自由这一问题上，黑格尔的出发点虽然是唯心的，但是他一直没有离开人类的历史、现实实践。正因为如此，他才能够从人与自然和人与人之间的关系角度出发将自由提高到把握客观规律的高度来理解。一直以来，黑格尔都非常佩服法国大革命中法国人能够将自由理念付诸实践的气魄，但是，他又十分恐惧这种对于自由的实践所带

---

① 《马克思恩格斯全集》第40卷，人民出版社1982年版，第187页。

来的可怕后果。正是因为他的懦弱胆小才使得他仅仅将自己的自由理论囹圄理论范畴，将其包裹在小心翼翼的唯心主义之中。事实上，纵观历史发展，无数的经验已经证明：无论任何思想，只要想要进步就不能仅仅是在理论上进行探讨，而必须能够在实践上进行发挥，只有这样的自由理论才能为自由行动做好一种准备。可以说，黑格尔深藏在唯心主义外壳中的自由理论的革命意义也正是在此。

布鲁诺·鲍威尔认为希腊化时期的哲学代表着“自我意识”辩证过程的一次高峰。与之相对应的，马克思也认为，伊壁鸠鲁观点的层次更高，伊壁鸠鲁的观点更接近于黑格尔哲学体系中对“自我意识”辩证运动的理解，即导致自我矛盾。事实上，伊壁鸠鲁所主张的自由可以说是西方精神史上首次提出的纯个人的自由概念，这种自由的标准自然形象就是那按照本性运动的一粒原子，这粒原子虽受重力作用要做必然的垂直运动但是也总有一点偏斜的可能。由此也就可以说，“人不是机械和单纯的工具而是有自己意志的自由的生命。希腊人虽然先前已经很重视自由了，但是那时的自由主要还是城邦的集体或共同体的自由，公民个人自由还是从属于城邦自由的”。[①]伊壁鸠鲁这里就开始出现了个人自由的意识。马克思在《博士论文》中就说道：“行为的目的就是脱离，离开痛苦和困

① 杨适：《古希腊哲学探本》，商务印书馆2012年版，第611页。

惑，即获得心灵的宁静，所以，善就是逃避恶，而快乐就是脱离痛苦。”① 在伊壁鸠鲁那里，原子的偏离就是意味着个人偏离和否定外在的统治秩序，原子的相互排斥则象征着人与人之间的相互协调的新秩序。由此我们看到，马克思的真正的目的是“人”，马克思的理论旨趣是现实的活生生的人的自由和解放。由此可以说，马克思在伊壁鸠鲁那里吸取了理论资源，将“个别自我意识”进一步发展成了“现实自由的人”。

马克思对伊壁鸠鲁脱离客观世界、追求绝对自由的观点进行了批判，马克思认为伊壁鸠鲁把人和世界分割对立起来是得不到真正的自由的，人只有在同周围世界的紧密联系和相互作用中才能得到真正的自由。正如黑格尔所指出的自由的三个层次中的形式自由的“斯多葛式自由”。这种自由表现为对外界漠不关心，不闻不问，进而保持一种主观精神上的自由，即，不动心。事实上，这种自由与伊壁鸠鲁所倡导和追求的宁静状态是一致的，他们都是从现实生活中脱离了出来，遁入了内心深处，也就是是退回到思想的单纯性和自主性中，只是执著于自己思想的普遍性。这种自由不是活生生的自由本身，是一种“没有生命的宁静”，它也没有生活的充实内容。

马克思的现实主义以及他对每个解决方案必须出自而且适用于实际情况的要求，他对以妥协或渐进主义的方式摆脱激烈

① 《马克思恩格斯全集》第40卷，人民出版社1982年版，第214页。

暴动的行为十分蔑视，他相信大众是最易受欺骗的，必须不惜一切代价把他们从压迫中拯救出来。这一切使得他成为了下个世纪那一代更激进的革命实践家的导师，他近乎严苛地相信追寻一个完全与过去决裂的崭新的社会体系的重要性，他相信一个人可以拯救其他个体，而如果让这些个体自由发展，他们将会在路途中迷失和毁灭。这使他跻身于那些建立新信仰的伟大的独裁主义者、无情的颠覆者和革新者中间，他们从一个单一的、明确的、充满激情的原则下解释这个世界，谴责并摧毁与之相抵触的一切。他对自己愿景的轮廓中那个遵循秩序和规律的世界充满信心，那个世界注定要从当前这个混乱不堪的世界中脱颖而出，那个世界是海阔天空的、纯粹的世界，它将消解所有困难，了结一切问题。它带来了一种自由观念，这种相似的观念同样出现在 16、17 世纪的信教信仰以及之后的科学真理和伟大的革命原则之中，出现在德国形而上学家的理论体系之中。如果说，这些早期的唯理主义者有充分理由被称为是盲信的，那么在此种意义上马克思也是个盲信者。但是他对理性的信念不是盲目的——他在追求理性时同样也在寻求经验上的证据。历史规律确实是永恒不变的，对这种规律的把握需要形而上学的直觉，但它只有凭借经验事实的证据才能建立起来。他的知识体系是封闭的，其中的一切都是为了符合一个预设的模式，但这个体系是建立在日常的观察和经验的基础之上的。

马克思在写作《博士论文》时期还只是纯粹的“青年黑

格尔派”一员，在这一期间，马克思的思想还是偏向唯心的，是理想主义的。由此，马克思此时所找寻的自由在思想意识之中并没有与现实生活联系在一起。在马克思的理解里，偏斜就会产生自由。这里的意思是说偏斜就意味着有些不稳，有些出格，有些放任，对自然界的这些问题和环节的“出格”的现象恰好证明对原有的状态的一种“颠覆”，对设定的程序的一种“震荡”，在这些现象里一定包含着一种“出轨”，一种“反叛”，甚至是一种“颠覆”。事实上，马克思在其《博士论文》里对“偏斜”的理解就是要破除一种“永恒”的“世袭”，就是要偏斜自由。马克思对“偏斜”运动的理解实际上已经超越了伊壁鸠鲁和德谟克利特的理解，“偏斜”在此存在的意义在于马克思对其的理解已经不仅仅是在自然哲学的范围内的说明了，马克思对自然哲学的理解已经开始集中在其对历史和社会活动的说明。也就是说，在自然哲学的视阈中马克思开始关注其对社会的和历史的影响，从这一点就可以看出马克思哲学所始终存在的历史视野和人本的意蕴。

事实上，关于《博士论文》的写作过程也是在以一种对立面的形式反观自身。哲学作为精神的价值过程始终在自身的内心深处产生着某种始料未及的共鸣，青年时期的马克思在写作《博士论文》时也许在普罗米修斯、德谟克利特、伊壁鸠鲁身上感受到了一种精神的震荡，这种对概念的跳跃和对精神的回馈可以说是一种完满。马克思在其《博士论文》的最后用卢克莱修的诗作了收尾，表达了自身对于自由的渴望：

当大地满目悲凉，
人类在宗教的重压下备受煎熬，
而宗教则在天际昂然露出头来，
凶相毕露地威逼着人们的时候，
是一个希腊人首先敢于抬起凡人的目光，
挺身而出，与之抗争。
任是神道，任是闪电，或者天空，
吓人的雷霆都不能使他畏惧……
如今轮到宗教被我们踩在脚下，
而我们，我们则被胜利高举入云。

从诗歌中可以看出青年时期的马克思内心深处的深情和抱负，这样一位从中学时期就立志为人类解放奉献一生的有志青年身上有着浓郁的浪漫主义色彩，正是这种诗人特有的浪漫主义情怀使得马克思选择了从“原子偏斜运动”中带来自由的伊壁鸠鲁哲学。

# 第五章　马克思《博士论文》意义

## ——“现实”自由的获得

马克思的《博士论文》在比较的基础上探讨了德谟克利特自然哲学和伊壁鸠鲁自然哲学的一致性和差异性，这一差别的理论间距和现实间距的比较性研究是完成对其重新理解和梳理的关键所在。事实上，马克思对自然哲学的兴趣始终都贯穿着一个“自由”的理论获取和自由的“现实”把握的问题，理解马克思这一环节对理解马克思早期哲学的思想脉络有着重要意义。

关于马克思自由观的宏观研究已经有很多成果但是对马克思自由观形成过程中的微观分析却很少。在选取马克思思想形成的《博士论文》一段进行研究的过程中也有这方面的考虑。事实上，关于“自由”概念的界定着很多的解释，Liberal 这一单词的含义是从 Liberality 衍生而来的，其原初意思是胸襟宽厚，此种意义的衍生实际上是对古希腊时期的美德的一种阐释，即勇气、节制和审慎。事实上，“自由”问题是西方思想家们共同关注的一个热点问题，不论是古希腊时期的柏拉图、伊壁鸠鲁还是近代的洛克、卢梭、康德、黑格尔，直到现代的弗洛姆、萨特、罗尔斯等，无不对自由问题进行过深入而又细致的阐述。但是，自由概念始终充满着歧义，以赛亚·柏林认为，自由就其本质而言是要阻止有人闯入属于我的领地或者声称其权威能够凌驾于我之上的他者。尽管如此，他在《两种自由概念》一书的第一部分开头继续指出，自由，是一个漏洞百出而且又意义模糊的词语，它有着超过200多种含义，自由概念是一个人们可以任意对其加以解释的字眼。在此，有政治的自由也有形而上的自由，有个人的自由也有社会的自由，有积极的自由也有消极的自由，这些自由中更有一些是交叉、复合的，因此弄清楚要研究的是哪一种自由对开展论文的研究工作是十分有必要的。作为自由主义重要的代表人物哈耶克曾经对自由做了一次词源学的考证，他曾经指出关于“自由”一词的解释是在用这一概念的最原始意义。那么，自由的“原始意义”到底是什么呢？这里有两种说法，一是自由人或自由生产者的特质或地位。这一对于自由的理解是相对奴隶而言的。再有就是，“自由的”原本含义是指那些可以被保护并同时拥有特殊权力的人。这是因为在进入文明史的进程中，西方世界将人分为“自由”和“不自由”两种，由此也就使得“自由”在西方社会中从其开端就被当作相对于奴隶的分类，这里的“自由”就是指人在社会、经济上的一种独立状态。就此可以说，“自由”的原始意义就是——不受他人武断意志的支配，如此而已。众所周知，关于“自由”这一哲学概念，其始终是来自于西方的文化传统并且是西方众多哲学家都在思考的最基础的、最根本的理论问题之一。霍布斯认为自由观念是以个人为主的，这一自由观被称为“消极自由”，后来被以赛亚·柏林称为——“现代人的自由”，这里的消极自由与西方16—17世纪特有的宗教冲突和战争有关。关于这一“自由”概念，其主要是指一个人在确立自我行动目标的过程中可以全然不受外部世界的影响。在这里，自由观念坚持了一个非常重要的观念，那就是，能够确保一个人始终拥有一个完全自由的空间，在这个空间里，这个人能够做一些以“自我”为中心的、随心所欲的、不在意他人评价的事情。从这里就可以看出，“消极自由”始终存在着一些不可避免的缺陷——即关于个人自由的种种权利仅仅是被简单地限制在了个人能够没有约束，可以尽情去追寻自身想要达到的理想的这样一个特殊的范围之中，既没有延伸为对国家法规的参与也没有与其他人的互动；而另一种自由，霍耐特称为“反思自由”，这种自由概念是由卢梭以理论形式首次提出的。他提出，个体只有在自己的真实想法下进行活动之时才能算作是真正的自由，而在此时，这种算作自由的行动必须以理性反思来加以规范。事实上，“反思自由”的重点就是这种行动的真实动因。卢梭提出的这种自由观念在其后的发展中分成了两个思想进路：第一个思想进路就是以理性反思的形式加以思考，这一思路的主要思考者是康德，在这里，思考的结果就是他的道德自律；而另一个思想进路就是以理性反思的内容为主导，这一思路的思考者就是赫尔德，他最在意的就是自我以自身最大的真实反思自身，并能够在这种反思中发现真正的自我，在这种反思和发现自我的过程中展开自我的实现之旅。由此也就有了“社会自由”的概念。事实上，这一概念在思想史上首先是由黑格尔提出的。总而言之，“消极自由”不可以深入到内在，“反思自由”不可以统摄到客观，只有“社会自由”可以把现实世界作为自由得以实现。也就是说，每一位个人必须加入现实的、实践的社会制度之中才可以实现真正的自由。“在这一方向上作进一步思考则会遇到青年时期的马克思。”[①] 事实上，马克思的“自由，不仅包括我靠什么生存而且也包括我怎样生存，不仅包括我实现自由而且还包括我在自由地实现自由”[②]。

人类学本体论意义上的自由，即，从人的生存这一本体论现象出发进而对自由概念作出规定，这就涉及了政治、法律、宗教、道德方面的实践活动，也就是，涉及了人与人之间的关

① 唐文明：《从陈寅恪悼念王国维的诗文谈起》，载《读书》，2015 年第 5 期。
② 《马克思恩格斯全集》第 1 卷，人民出版社 1995 年版，第 77 页。

系。此种自由观在萨特学说中表现最为明显，萨特从“存在先于本质”这一存在主义第一原理出发指出，不存在决定论并且人是生而自由的，人的存在的特殊性就表现在人是自由的这一特征，事实上，人是被判处自由的——当人被抛掷到这个世界上以后既无帮助也无接口从而人必须在自己的行动中造就自己由此确定自己的本质。事实上，人类学本体论意义上的自由强调的是——个体在社会中的责任感，如果个体历史性失去了这种“自我意识”和责任感，那么其这种个体历史性也会就此消失了，也可以说，人类学本体论意义上的自由比认识论意义上的自由更加根本。就此，康德就曾经说过：“自由即是理性在任何时候都不为感觉世界的原因所决定。”①

长久以来，对马克思的学说研究中一直充斥着一些“科学”性极强的字眼，如“革命”“暴力”等，而其深厚的人文关怀和价值追求则被遮盖了。时至今日，一谈到“自由”仍然会同自由主义和自由化联系起来，事实上，马克思是在西方国家的文化里成长起来的，由此，其思想必然是与整个西方理论体系和价值取向一脉相承的。事实上，马克思的自由观相对于自由主义的“自由”始终有着不同的阐释，马克思的自由观是对自由主义自由观的一个超越，马克思的自由观是对全人类共同利益的一种终极价值的追求，其政治使命是要建立起一

---

① 康德：《道德形而上学原理》，上海人民出版社 1986 年版，第 107 页。

个尊重自由同时每个人的全面自由发展都能够得到尊重的理想社会。在此，马克思认为“没有蒸汽机和珍妮走锭精纺机就不能消灭奴隶制，没有改良的农业就不能消灭农奴制，人们还不能使自己的吃喝住穿在质和量方面得到充分供应的时候，人们就根本不能获得解放”[①]。“自由”事实上是历史向前发展的一种产物。一言以蔽之，自由并不是“自由主义”所认为的是公民所具有的一种权利而是一种终极价值追求，在马克思那里，自由就是我过着我本该过的生活而不是这一种生活或那一种生活，这才真是自由真正所具有的对人的本真意义之所在。

马克思在创作其《博士论文》阶段运用黑格尔的方法论解读伊壁鸠鲁由此发现了“原子偏斜”运动所带来的自由。事实上，马克思的《博士论文》完成了原子化“自我意识”的最初形成，从而构建出了关于“自我意识”的人格化原子形象。由此，其《博士论文》从抽象的可能性纬度来对世界加以解释，从而证明可以在时间的维度中对事物生命有机体的自我生成、演化的进程加以分析。众所周知，马克思完成其《博士论文》之时已经不再是柏林大学的学生了，因为他已经超出了柏林大学规定的四年上交论文的时间期限，他本人也没有提出延期申请，同时，柏林大学对黑格尔思想和坚持自由思想以及无神论的“青年黑格尔派”充满敌意。于是，马克思将

---

① 《马克思恩格斯全集》第42卷，人民出版社1972年版，第368页。

《博士论文》提交给了德国唯一一所不要求住校也不要求个人到场答辩就可以接收并且给予学位的大学——耶拿大学。由此，马克思就在 1841 年 4 月 15 日以论文《德谟克利特的自然哲学和伊壁鸠鲁的自然哲学的差别》取得了耶拿大学的哲学博士学位。这一博士论文的完成使得马克思对古希腊哲学史进行了一次深入而又翔实的研究，对其今后的思想发展之路有着重大的理论意义和现实意义。

## 一、马克思《博士论文》的理论意义

青年时期的马克思在《博士论文》中所展开的对现实的批判仅仅是在特定的理论研究中展开的，因此可以说还远没有达到真正的批判的深度。马克思在其《博士论文》中的阐述只是借助于对晚期希腊时期几个哲学人物的思想评点展开的，其中就有对伊壁鸠鲁的理解以及对自然哲学的解释，还有其对“原子偏斜”运动的理解。这里虽然是有着自由和突破决定论的思想意蕴但是此时的哲学观点还都仅仅是在《博士论文》的内部进行着，似乎与外界现实无关。但是，马克思对自由的追求和渴望构成了其一生的事业追求，自由如何获得这一问题始终贯穿于马克思的思想理论之中，可以说，正是马克思对自由的追寻才使得他的哲学超越了以往的思辨哲学从而达到了一个新的高度。

古希腊以来的哲学更多的关注人类的自由和幸福，伊壁鸠鲁即是最好的代表，而这种关注的态度也影响了马克思的早期思想形成。马克思在写作其《博士论文》时选择了伊壁鸠鲁的自然哲学为主题，其目的就是为人类寻求自由，而关于自然哲学方面产生的唯物思想则是为其谋求人类幸福生活的目标服务的，可以说，这也是马克思写作《博士论文》的宗旨。下面就先从希腊神话和逻各斯中来了解一下关于“自由”的理论获取。

### （一）希腊神话中的自由

古希腊人有着非常活跃的思维方式，其无论被称为神话还是哲学，大多数都可以说是与古希腊时期那狂热的多神崇拜有着千丝万缕的关系。可以说，正是因为古希腊时期的民众始终生活在一个拥有多个神祇，而且多个神祇始终都在同时发生着自身的作用的宗教环境之中。在这样的一种宗教崇拜氛围之中，古希腊人在精神境界和价值追求上始终处在一种完全开放的感觉之中也是在所难免的。与此同时，古希腊人的思维更加容易超越经验所指的朴素道理就成为了必然会发生的事情。

古希腊神话在人们的口口相传中不断得到完善，古希腊人最原初的自由也与这些英雄的个性密切相关。事实上，古希腊神话中的英雄和俗世中的人类拥有着相同的性格特征：热爱自由、狂野奔放、独立自洽、浪漫不羁，这些性格使得他们在与命运的抗争过程中迸发出了昂扬的生命活力同时也获得了"自我意识"的觉醒和个体精神的确立。可以说，古希腊神话表现的是人类童年时期的无忧无虑、自由乐观与浪漫不羁。这些对于生命和自由的认识在构成古希腊神话基本精神的同时也构成了西方传统文化的基本内核。

普罗米修斯神作为古希腊神话中具有反叛精神的代表唤醒了人们并使人们从中世纪的神学中走了出来。普罗米修斯这个名字的原初含义是深谋远虑，他也确实如他的名字一样为人类的幸福而殚精竭虑，他教给人类一切有用的知识，他的英雄行为鼓舞着人类数千年来为了自由而进行着不屈的抗争，人们从布鲁诺的烈火中依旧能够看到普罗米修斯神的自由和不屈的灵魂。也正因为此，文艺复兴运动以来，许多文学艺术作品都取材古希腊神话并从中获取精神力量。马克思就曾经高度赞赏古希腊神话不只是希腊艺术的宝库，更是它的土壤，由此可以说，古希腊神话在鼓舞人类取得自由方面有着重大的理论意义。

古希腊哲学可以说是这样一种思维方式，即高度思辨与高度智性，其"兴起于古风时代晚期，繁荣于古典时代，在希腊化时期和罗马帝国时期也有很好的表现，在基督教兴起时期更参与了新宗教的神学建构"[①]。事实上，希腊哲学正是在古

① 阮炜：《Philosophia：哲学抑或神学?》，载《世界宗教研究》，2012 年第 1 期。

典时代与希腊神话完成了一种较为彻底的转型，由此开始，理性思维开始与神话思维享有了几乎平等一致的地位。

古希腊神话是关于神和英雄的故事，以史诗、戏剧、诗歌、小说等文学形式为载体得以流传。可以说，古希腊人是通过神话来反映当时人类对自然和人自身的认识和理解的，从而也反映出了古希腊人特有的思考方式和情感表达。关于“自由如何获得”这一问题在古希腊神话中主要就是通过英雄与命运进行抗争来实现的，可以说，正是从古希腊一系列的神话故事中通过英雄与专制暴政和自然力量的抗争过程中衍生出了西方的自由民主思想。希腊人的神话世界，即奥林匹斯山，居住在山上的众神是一个十分有秩序的组织，而这一种秩序井然的神话世界反映在世俗世界中也就表明了社会已经存在明确的分工和稳定的秩序。作为众神之王的宙斯支配着奥林匹斯山上的诸神并且要求人类臣服于他，在此，宙斯对不敬者就会给以惩罚。例如，为人类盗取火种的普罗米修斯就遭遇了宙斯的惩罚。

在古希腊神话中，天和地被创造出来之后始终没有出现有灵魂的高级生物来主宰世界，先知普罗米修斯作为神的后裔深知天神将种子隐藏在了大地之中，他用泥土和河水按照神的形象捏了很多泥人，雅典娜帮助其吹入了神仙的气息。由此，世界上的第一批人就被造出来了。可是，在以后有很长一段时间里，这些泥人们并不知道如何使用自己的四肢，也不懂如何使用雅典娜神赐予他们的灵魂，他们视而不见听而不闻，只是在大地之上走来走去，他们不知道应该怎样去发挥自己的能力，更不知道采石烧砖，伐木制椽，建造房屋，他们根本感觉不到冬去春来和时光变换。总而言之，他们就如同梦游般毫无计划地活着。正因为此，普罗米修斯开始教他们观察星辰、学习计算、书写符号、交流思想，还教给他们如何让牲畜分担人类的工作，还发明了船以使得他们可以下海去航行，普罗米修斯还教会人类如何用草药来治疗疾病。从某种意义上来说，普罗米修斯正是代表了人类的"自我意识"。可以说，古希腊时期的最早的"自我意识"就是从英雄人物身上出现的，正是因为英雄人物对于自由的追求才使得"自我意识"与自由意识相伴出现。关于古希腊的神话故事和英雄传说，不应该仅仅将其当作简单的神话来对待而是应该将它们作为整个西方文化的摇篮和精神原型来进行细致的考察，由此就可以在这些为自由而抗争的英雄身上看到深刻的文化基因。

由此可以看出，古希腊神话中的英雄人物大抵都具有反抗精神，而敢于反抗宙斯又为人类盗来天火的普罗米修斯正是青年时期的马克思所崇敬的英雄人物。事实上，古希腊时期的神话中所萌发出来的自由精神几乎都是在与必然性的命运所进行的抗争中出现的，这种必然性命运更加明显地展现出了一种内在于自身的精神、意志和力量。可以说，这种始终与信仰相关联的意志力量并没有将人引向彼岸的精神世界而是引向理想化的现实世界并在这其中实现内在自我的完善。也就是说，在世俗的追求中完成理想的超越，这也就形成了古希腊神话中关于自由如何获得这一问题的解决方式，即浪漫主义与现实主义相融合。西方传统文化作为马克思思想产生的沃土，也就必然使得马克思的思想烙上深深的神话元素，即，希腊神话中关于“自由”的追寻与获得。

### （二）逻各斯中的自由

逻各斯是关于规律性的哲学范畴，而关于自由如何获得这一问题更多的则是要关注世界运行的规律。正如伊壁鸠鲁所言，只有了解天体运行的规律才能不再感到恐惧，也正因为消除了对自然规律的无知才能获得真正意义上的自由。事实上，自由，首先是一种心理状态，是一种观念意识，然后才是一种价值的实现。在古希腊人那里，神话与理想并不是截然对立的，相反，神话思想更是为起初模糊的“自我意识”奠定了思想基础。也正因为如此，马克思在其《博士论文》的序言中高度赞扬了普罗米修斯为人类盗取火种的行为和对众神之王——宙斯的反叛精神。

在某种意义上可以说，普罗米修斯为人类盗取的火种可以说是逻各斯之火。在这里，马克思将神话与逻各斯以一种特有的方式结合在了一起。事实上，马克思的哲学在之后的传播与发展的过程中正如其自己所言，从西欧被归纳出来并推广向世界。当然，每一个人都会在马克思的思想中读出不同的并且属于自己的东西，但是马克思始终认为只要理性（逻各斯）能够解释清楚就必定能够实现，这种对理性（逻各斯）的运用也完全体现在了马克思的《博士论文》之中。在这里可以看出，马克思在《博士论文》中运用的是黑格尔意义上的逻各斯，这是因为黑格尔将逻各斯理解为理性。

古希腊迈锡尼文明时期出现了“自由”这一词语，其最早是用来形容伊莱索罗斯的前身，也就是指那些不用为迈锡尼王宫交纳亚麻制品的人。自由在伯罗奔尼撒战争之后开始超越共同体之范围，不再仅仅是古典希腊时期的集体自由而转向个人自由，但是这种个人自由还是以集体自由为前提而存在的。正如德谟克利特所言：所有一切都要依靠城邦，如果城邦安全则一切安全，如果城邦毁灭则一切无存。尽管青年时期的马克思也是“青年黑格尔派”的一员，但是他并不是完全赞同“青年黑格尔派”分子的学说。马克思之所以能够从关心现实社会进而走向参加实际政治斗争，正是因为其身上始终有着“思想的人”和“实践的人”的密切结合。对于这种优秀品质在其早期文本《博士论文》中就已经有着明显的表征。

马克思的《博士论文》在某种意义上也反映了他当时的哲学认知和处事态度，可以说，其《博士论文》是对德国当时腐朽的普鲁士封建制度的一种批判，也是对人的个性自由需求的一种论证，这就为争取个性自由和人类解放的现实合理性找到了哲学基础。可以说，这也是马克思在德谟克利特和伊壁鸠鲁两位原子论者之间更偏向于伊壁鸠鲁原子论的真正原因。在马克思看来，原子的垂直下降就使得一切都受必然命运支配而不再存在自由意志，这是不能忍受的。马克思对追求自由有着极大的热忱，这也可以在其《博士论文》序言中窥见一二。

马克思在《博士论文》的序言里直面现实，大声地指出哲学是极其赞同普罗米修斯自白的，也就是那句“老实说，我痛恨所有的神”。这句自白阐明了马克思的立场同时也表现出了《博士论文》的意义，那就是，“自由如何获得”。马克思在其《博士论文》中所积极主张的自由，也即“自我意识”是来自黑格尔。黑格尔认为，“自我意识”存在两种含义：一种是作为某种活动的“自我意识”，这种“自我意识”不只是一种纯粹的存在方式而是要抛开全部的限制，并进一步将自身拓展到界限之外，在这一过程中，它充满着主动性和力量；另一种是绝对精神自我实现形式的“自我意识”，绝对精神只有在主体在外界形成“自我意识”的情况下才能把主客体统一起来。众所周知，当时的“青年黑格尔派”成员们对黑格尔的“自我意识”理论进行了扬弃，他们抛弃了“自我意识”理论中的后一种形式，然后选择了“自我意识”理论中的第一种形式，从而开始高扬“自我意识”的地位并进一步否定客体。显而易见，“青年黑格尔派”希望通过这一做法来抬升主体的地位。由此可以说，黑格尔的“自我意识”理论在

“青年黑格尔派”那里成为了一种——我在的个体性显现，更成为一种个体精神的外化。“青年黑格尔派”把“自我意识”与自由联系起来并且以“自我意识”为原点出发对自由理论加以阐述的做法正满足了青年时期的马克思所要追求的理论目标。

马克思认为，如果使得德国人民能够在思想上达到对自由的“自我意识”的理论自觉，那么，就会使得改变德国现实社会的落后状况成为一种可能，进而也就能够达到实现德国人民真正自由和解放的根本目的。事实上，人类始终在进行着不断地消灭现存状况进而实现人的自由而全面的发展的现实运动，而寻求人类解放是马克思思想主题中的应有之义，寻求人类自身的自由，摆脱被奴役、被蔑视的悲惨状态以致人类解放的崇高历史状态是马克思思想的核心。

## 二、马克思《博士论文》的现实意义

关于自由，无论作何解释，其最终的理解都不能离开了人的本性，一旦脱离人也就无从谈及自由。与此同时，自由更多的是一种精神自由，而精神自由的表征方式就是哲学。也就是说，哲学始终担负着一种崇高的任务。事实上，马克思《博士论文》中关于哲学的研究就是从人的自由入手的。由此，马克思的哲学始终和自由密切相关。

正如马克思所言：“哲学家是自己的时代、自己的人民的产物，人们最精致、最珍贵和看不见的精髓都集中在哲学思想里。那种曾用工人的双手建筑起铁路的精神，现在在哲学家的头脑中树立哲学体系。”[①] 众所周知，马克思的思想是19世纪的产物，具有那个时代特有的精神烙印。那么，是否马克思的思想在当今社会就没有它的现实意义了呢？当然不是。马克思在其青年时期思考过的问题在当今社会依然存在着，并且不比马克思那个时代更容易解决。例如，在马克思《博士论文》第二部分的第一章：“原子脱离直线偏斜”中就指出了将原子的斥力应用到现实政治领域中，即契约的精神内涵。事实上，马克思在写作《博士论文》时虽然是唯心主义者，但是，他并不赞同伊壁鸠鲁将自由看成是内心的、与外界对立的一种心境而是认为自由应该存在于人与人的全面交往之中。可以说，马克思的《博士论文》内容极其丰富，在《博士论文》中所阐发出来的很多理论思想都有着重要的现实意义，即自由的“现实”把握。

### (一)《博士论文》中的“自由”之于马克思整体思想意义

马克思在《博士论文》中所探讨的伊壁鸠鲁哲学在自然

① 《马克思恩格斯全集》第1卷，人民出版社1995年版，第120页。

哲学角度的提出有着自身的道理，这是因为伊壁鸠鲁哲学是在静态的、平缓的、无干扰的条件下进行的。伊壁鸠鲁的哲学在内心之中形成了一种稳定的状态，也就是人从自然主义之中产生的一种快乐，这里的快乐和自然是一体的联系着的，这种面对快乐的方式使人拥有了高贵的自由。由此，在伊壁鸠鲁的哲学中就流淌着精神的高贵和显现的自由。但是，马克思认为，伊壁鸠鲁的自然哲学是不能把握社会环境的变化的，因此，在新的自然环境和社会环境下需要对其进行新的思路和安排。

事实上，马克思借助于伊壁鸠鲁的“自我意识”哲学绘制出了一幅具有人的价值、自由与平等的正义社会蓝图。马克思尽管赞同伊壁鸠鲁高扬“自我意识”的做法，但是，他不赞同伊壁鸠鲁仅仅关注人类内心的安宁、精神的自由。在马克思看来，人类的解放不仅仅只是存在于思想和精神之中更是要在现实社会中进行实现，只有摆脱现实的社会关系的奴役与束缚进而在现实生活中能够成为社会的主人才是真正地实现了自由。由此，马克思认为“定在中的自由”才是真正的自由，也就是说，马克思强调人必须要在一定的社会关系中才能有真正的自由，而不是像伊壁鸠鲁那样仅仅是在精神领域内寻求一种绝对的自由。马克思的自由理论也就是要求人们在高扬人的主体性、强调自由平等的同时也一定要能够把握好自由的度，以免过分强调自由而陷入一种无政府主义，在追求自由的同时也就必须处理好自由与民主、自由与法治等的关系。马克思在

《博士论文》中着重论述伊壁鸠鲁“原子偏斜”运动的目的是为了强调人类的主体能动性思想，这就使得其早期思想就具有了一种辩证法的基调。

事实上，马克思最终形成的社会批判理论正是以“青年黑格尔派”的宗教批判为中介从黑格尔的“理性神学”发展而来的。也就是说，“青年黑格尔派”的成员们，即施特劳斯、鲍威尔、费尔巴哈等人充当了从黑格尔到马克思的中介。这一点在马克思的博士论文中就有了明显的表现，“自我意识”这一主题的博士论文创作正是青年时期的马克思受到布鲁诺·鲍威尔的影响而展开的。可以说，从“宗教批判”发展到对社会现实批判是青年黑格尔派内部思想演变的必然逻辑指向，这种“转变”在思想上真正启示了早期马克思，并为马克思建构哲学世界观提供了理论前提。

### (二)《博士论文》中的“自由”之于马克思成熟时期自由观意义

“任何一个历史阶段中都会形成一种共同的价值观念和理想的设计，而只有在历史维度下去理解此种价值观念才能使其具有现实性。由此，对人类自身本性的追求必须与其所处的历史阶段和社会形态结合起来进行分析。”① 自由的观念在西方

① 陆杰荣、张雨欣：《论平常范畴之意蕴及其时代价值》，载《辽宁大学学报》（哲学社会科学版），2015 年第 2 期。

社会由来已久，从古希腊时期的自由到中世纪时期对自由的压制再到文艺复兴时期对自由的大力宣扬，自由观的发展经历了一个漫长而又曲折的过程。

马克思的自由观生长于西方哲学的土壤之中，马克思哲学的自由观始终是融入到实践中的自由，是要将人先从物质的束缚中解放出来从而不再被物所役的自由。马克思认识到，作为独立的个人，其发展是受到生产力条件束缚的，而社会的基本矛盾正是生产力和生产关系的相互运动而形成的。关于自由的现实把握，马克思认为人类的自由要体现人类本质，由此也就可以说，自由的现实把握就要受到现实的社会关系的影响，而马克思对于自由的理解是实践的始基上的客体与主体的统一。事实上，自由的获得必须植根于现实的生活和实践之中，马克思哲学在自由观方面的认识始终是有着深厚的现实基础的，即使是在其《博士论文》时期仍然在高扬个人“自我意识”的同时认识到了伊壁鸠鲁哲学中的理论狭隘之处，这也为他以后在自由观问题上的思维变革奠定了基础。

马克思虽然在《博士论文》中对伊壁鸠鲁高扬“自我意识”的理论大加赞扬，但他反对伊壁鸠鲁仅仅将其停留在人类的思想深处和精神层面上。马克思认为，人类的解放不应该仅仅存在于人类的思想之中，真正的解放必须是摆脱现实的社会关系的束缚从而在现实中成为社会的主人。事实上，“自由”始终是马克思《博士论文》的基本理论诉求。在《博士论文》中他绘制出了一幅关于“自由”的蓝图，他认为，自由就是要冲破必然性命运的束缚。可以说，马克思在《博士论文》中已经奠定了自由观的基调，那就是现实性、实践性。马克思在完成其《博士论文》之后步入社会又继续不断完善自身的自由理论，但是不论马克思的自由观理论如何进展，其在《博士论文》期间奠定的自由观特性却一直未曾发生变化。

众所周知，马克思的终极追求是要实现人类的自由和解放。而人类与其生存的世界是相互依赖的，不论何时，人类要想获得自身的自由和解放都不应该与生存其中的自然相对抗，人类必须在物质世界与人类欲望之间找到一个平衡点来实现对于自由的渴求，而这个平衡点就是对于生产活动方式的改变。人类必须深入理解并且利用必然才能实现自由的可能，而生产力的制约也是获取自由的一个不得不经过的阶梯，只有在生产力许可的范围内才能最大意义的实现自由。由此，马克思的自由始终是与实践相关联的。

“马克思是关注现实世界的，马克思的哲学史‘现实性’的哲学，完成了现实性的哲学变革的马克思在对现实生活的进一步考察中，同时通过大量的现实资源和历史实证完成了对形而上学的重新认识，也完成了对现实批判和未来社会的认定。实质上，马克思不会再构建新的形而上学，他只是将形而上学的‘形’无限放大以致与他的‘实践’完成了一次对接，他在现实生活中引申出了一套合理的解释原则并运用这些原则来批判和改造现实。”①

事实上，马克思正是以其深植于性格之中的普罗米修斯式的英雄主义情结和诗人特有的浪漫主义情怀，在严密的逻辑理性思维能力的助力下，构筑了一个关于人类自由全面解放发展的世界，即共产主义社会。事实上，也只有在共产主义社会中才能真正实现马克思所向往的自由王国！

① 张雨欣：《形而上之“形”的历史逻辑进程》，载《广西社会科学》，2014 年第 7 期。

# 参考文献

## 中文著作

[1]《马克思恩格斯全集》，第 1 卷、第 3 卷、第 40 卷、第 42 卷、第 47 卷，人民出版社 1995、2002、1982、1972、2004 年版。

[2] 陈先达、靳辉明：《马克思早期思想研究》，北京出版社 1983 年版。

[3] 邓晓芒、赵林：《西方哲学史》，高等教育出版社 2005 年版。

[4] 顾锦屏等：《马克思的伟大一生》，北京出版社 1983 年版。

[5] 韩毓海：《马克思的事业——从布鲁塞尔到北京》，

中国人民大学出版社 2012 年版。

［6］侯才：《青年黑格尔派与马克思早期思想的发展》，中国社会科学出版社 1994 年版。

［7］黄楠森：《马克思主义哲学史》（第 1－8 卷），北京出版社 1991—1997 年版。

［8］黄湘中：《不羁的普罗米修斯：马克思哲学革命的实践本体论解读》，中国社会科学出版社 2014 年版。

［9］刘同舫：《马克思人类解放理论的演进逻辑》，人民出版社 2011 年版。

［10］鲁路：《马克思博士论文研究》，中央编译出版社 2007 年版。

［11］陆杰荣：《形而上学与境界》，中国社会科学出版社 2006 年版。

［12］王国坛：《马克思对传统感性思想的超越与重建》，中国社会科学出版社 2012 年版。

［13］叔贵峰：《青年黑格尔派宗教批判的逻辑演进》，人民出版社 2014 年版。

［14］孙伯鍨、张一兵：《走进马克思》，江苏人民出版社 2001 年版。

［15］吴晓明：《马克思早期思想的逻辑发展》，云南人民出版社 1993 年版。

［16］吴晓明：《形而上学的没落》，北京：人民出版社

2006 年版。

［17］萧灼基：《马克思青年时代》，河南人民出版社 1982 年版。

［18］杨适：《人的解放——重读马克思》，四川人民出版社 1996 年版。

［19］杨适：《哲学的童年》，中国社会科学出版社 2011 年版。

［20］俞吾金：《重新理解马克思——对马克思哲学的基础理论和当代意义的反思》，北京师范大学出版社 2005 年版。

［21］张奎良：《马克思的哲学历程》，上海人民出版社 1993 年版。

［22］张一兵：《回到马克思——经济学语境中的哲学话语》（第三版），江苏人民出版社 2014 年版。

［23］张一兵：《文本学解读语境的历史在场——当代马克思哲学研究的一种立场》，北京师范大学出版社 2004 年版。

［24］赵仲英：《马克思早期思想探源》，云南人民出版社 1994 年版。

［25］叶秀山：《前苏格拉底哲学研究》，三联书店 1982 年版。

［26］叶秀山：《苏格拉底及其哲学思想》，人民出版社 1986 年版。

［27］北京大学哲学系外国哲学史教研室编译：《古希腊

罗马哲学》，商务印书馆 1961 年版。

［28］李和中：《马克思与青年黑格尔派》，武汉出版社 1993 年版。

［29］张盾：《马克思的六个经典问题》，中国社会科学出版社 2009 年版。

［30］李毓章：《人：宗教的太阳——费尔巴哈宗教哲学研究》，台北远洋出版事业股份有限公司 1995 年版。

［31］施船升：《马克思主义宗教观及其相关动向》，四川人民出版社 1998 年版。

［32］杨祖陶：《德国古典哲学逻辑进程》，武汉大学出版社 2006 年版。

［33］［英］G. A. 科恩：《卡尔·马克思的历史理论——一种辩护》，段忠桥译，高等教育出版社 2008 年版。

［34］［古罗马］阿庇安：《罗马史》，谢德风译，商务印书馆 1985 年版。

［35］［英］阿克顿：《自由的历史》，王天成等译，贵州人民出版社 2001 年版。

［36］［英］阿克顿：《自由与权力》，侯健等译，商务印书馆 2001 年版。

［37］［美］埃里希·弗洛姆：《逃避自由》，陈学明译，工人出版社 1987 年版。

［38］［古希腊］埃斯库罗斯等：《古希腊戏剧选》，罗念

生译，人民文学出版社 2012 年版。

［39］［古希腊］爱比克泰德：《哲学谈话录》，吴欲波等译，中国社会科学出版社 2004 年版。

［40］［匈］安东尼·雅赛：《重申自由主义》陈茅等译，中国社会科学出版社 1997 年版。

［41］［法］邦亚曼·贡斯当：《古代人的自由与现代人的自由》，阎克文等译，上海世纪出版集团 2005 年版。

［42］［德］策勒尔：《古希腊哲学史纲》，翁绍军译，山东人民出版社 1996 年版。

［43］［英］大卫·兰德斯：《解除束缚的普罗米修斯》，谢怀筑译，华夏出版社 2007 年版。

［44］［英］戴维·麦克莱伦：《马克思传》，王珍译，中国人民大学出版社 2008 年版。

［45］［英］戴维·麦克莱伦：《马克思主义以前的马克思》，和飞、周庆华、于忠涛等译，河北教育出版社 1990 年版。

［46］［古希腊］第欧根尼·拉尔修：《名哲言行录》，马永翔、赵玉兰、祝和军等译，吉林人民出版社 2003 年版。

［47］［美］杜娜叶夫斯卡娅：《马克思主义与自由》，傅小平译，辽宁教育出版社 1998 年版。

［48］［德］费尔巴哈：《宗教的本质》，王太庆译，商务印书馆 1999 年版。

［49］［德］费希特：《全部知识学的基础》，王玖兴译，商务印书馆 1986 年版。

［50］［德］弗·梅林：《马克思传》，樊集译，人民出版社 1972 年版。

［51］［德］弗里德里希·尼采：《希腊悲剧时代的哲学》，周国平译，译林出版社 2011 年版。

［52］［英］哈耶克：《通往奴役之路》，王明毅、冯兴元等译，中国社会科学出版社 1997 年版。

［53］［英］哈耶克：《自由秩序原理》（上下），邓正来译，三联书店 1997 年版。

［54］［德］汉斯·布鲁门伯格：《神话研究》，胡继华译，上海人民出版社 2012 年版。

［55］［德］黑格尔：《精神现象学》（上、下），贺麟、王玖兴译，商务印书馆 1979 年版。

［56］［德］黑格尔：《小逻辑》，贺麟译，商务印书馆 1954 年版。

［57］［德］黑格尔：《哲学史讲演录》（第一卷、第三卷），贺麟、王太庆译，商务印书馆 1983 年版。

［58］［德］黑格尔：《自然哲学》，梁志学、薛华、钱广华等译，商务印书馆 1986 年版。

［59］［德］卡尔·洛维特：《从黑格尔到尼采：19 世纪思维中的革命性决裂》，李秋零译，生活·读书·新知三联书

店2006年版。

[60] [德] 康德:《纯粹理性批判》,吴寿彭译,商务印书馆1960年版。

[61] [法] 路易·阿尔都塞:《保卫马克思》,顾良译,商务印书馆2006年版。

[62] [法] 罗斑:《希腊思想和科学精神的起源》,陈秀斋译,广西师范大学出版社2003年版。

[63] [英] 罗素:《西方哲学史》(上卷),何兆武、李约瑟译,商务印书馆1963年版。

[64] [英] 罗素:《对莱布尼茨哲学的批评性解释》,段智德等译,商务印书馆2000年版。

[65] [德] 马克思:《德谟克利特的自然哲学和伊壁鸠鲁的自然哲学的差别》,贺麟译,人民出版社1961年版。

[66] [美] 麦卡锡:《马克思与亚里士多德——十九世纪德国社会理论与古典的古代》,郝亿春、邓先珍、文贵全译,华东师范大学出版社2015年版。

[67] [美] 诺尔曼·李莱佳德:《伊壁鸠鲁》,王利译,中华书局2005年版。

[68] [美] 诺曼·列维特:《被困的普罗米修斯》,戴建平译,南京大学出版社2005年版。

[69] [古希腊] 普鲁塔克:《古典共和精神的捍卫——普鲁塔克文选》,包利民、余建青、曹瑞涛等译,中国社会科学

出版社2005年版。

[70]［美］乔纳森·斯珀伯：《卡尔·马克思——一个19世纪的人》，邓峰译，中信出版社2014年版。

[71]［美］撒穆尔·伊诺克·斯通普夫、詹姆斯·菲泽：《西方哲学史（第七版）》，丁三东等译，中华书局2004年版。

[72]［古罗马］塞涅卡：《哲学的治疗》，吴晓波译，中国社会科学出版社2007年版。

[73]［日］山之内靖：《受苦者的目光—早期马克思的复兴》，彭曦、汪丽影等译，北京师范大学出版社2011年版。

[74]［美］克里斯托弗·希尔兹主编：《古代哲学》，聂敏里译，中国人民大学出版社2009年版。

[75]［美］斯塔斯：《批判的希腊哲学史》，庆泽彭译，商务印书馆1931年版。

[76]［英］泰勒主编：《劳特利奇哲学史》，第1卷（从开端到柏拉图），韩东晖、聂敏里、冯俊等译，中国人民大学出版社2003年版。

[77]［美］梯利：《西方哲学史》（增补修订版），葛力译，商务印书馆1995年版。

[78]［日］望月清司：《马克思历史理论的研究》，韩立新译，北京师范大学出版社2009年版。

[79]［美］维塞尔：《普罗米修斯的束缚——马克思科学思想的神话结构》，李昀、万益译，华东师范大学出版社2014

年版。

［80］［德］文德尔班：《哲学史教程》，罗达仁译，商务印书馆 1987 年版。

［81］［挪］希尔贝克、伊耶：《西方哲学史—从古希腊到二十世纪》，童世骏等译，上海译文出版社 2004 年版。

［82］［德］谢林：《先验唯心论体系》，梁志学、石泉译，商务印书馆 1977 年版。

［83］［法］雅克·德里达：《马克思的幽灵》，何一译，中国人民大学出版社 1999 年版。

［84］［日］岩佐茂、小林一穗、渡边宪正：《〈德意志意识形态〉的世界》，梁海峰、王广等译，北京师范大学出版社 2014 年版。

［85］［英］以赛亚·伯林：《自由及其背叛》，赵国新译，译林出版社 2011 年版。

［86］［英］以赛亚·伯林：《自由论》，胡传胜译，译林出版社 2003 年版。

［87］［波］兹维·罗森：《布鲁诺·鲍威尔和卡尔·马克思——布鲁诺·鲍威尔对马克思思想的影响》，王谨等译，人民大学出版社 1984 年版。

［88］［德］亨利希·库诺：《马克思的历史、社会和国家学说》，袁志英译，上海译文出版社 2006 年版。

［89］［古希腊］塞克斯都·恩披里柯：《悬搁判断与心灵

宁静》，包利民等译，中国社会科学出版社2004年版。

## 期刊论文

[1] C. 约翰逊、许其增：《青年马克思的哲学和革命》，载《哲学译丛》，1985年第1期。

[2] 奥戴德·巴拉班、肖俊明：《青年马克思的解释学——根据马克思关于德谟克利特的哲学和伊壁鸠鲁的哲学的研究》，载《第欧根尼》，1991年第1期。

[3] 陈刚：《马克思自由观的初步形成——〈黑格尔法哲学批判〉与〈德法年鉴〉》，载《广西大学学报》（哲学社会科学版），1995年第4期。

[4] 陈刚：《束缚与自由——〈德意志意识形态〉中的自由观》，载《江苏社会科学》，1995年第2期。

[5] 陈学明：《马克思的人的全面发展理论与当代人的生活取向》，载《复旦大学学报》（社会科学版），2000年第2期。

[6] 丛大川：《唯物史观是马克思的哲学观念吗》，载《学术月刊》，1997年第8期。

[7] 邓晓芒：《康德和黑格尔的自由观比较》，载《社会科学战线》，2005年第3期。

[8] 邓晓芒：《康德历史哲学"第四批判"和自由感——

兼与何兆武先生商榷》，载《哲学研究》，2004 年第 4 期。

[9] 邓晓芒：《康德自由概念的三个层次》，载《复旦学报》（社会科学版），2004 年第 2 期。

[10] 丁立群：《交往、实践与人的全面发展》，载《哲学研究》，1992 年第 7 期。

[11] 段忠桥：《莱茵报时期使马克思苦恼的“疑问”是什么》，载《学术研究》，2008 年第 6 期。

[12] 段忠桥：《马克思对历史唯物主义的最初表述是在〈黑格尔法哲学批判〉还是在〈德法年鉴〉》，载《社会科学研究》，2008 年第 3 期。

[13] 丰子义：《如何理解和把握人的全面发展》，载《北京社会科学》，2002 年第 4 期。

[14] 高清海：《马克思主义哲学的两种理论形态》，载《哲学动态》，2000 年第 2 期。

[15] 贺来：《哲学：一种批判性的“自由思想”——马克思哲学观的灵魂和核心》，载《哲学动态》，2003 年第 1 期。

[16] 黄浩、谢翻：《马克思〈博士论文〉中的自由观探析》，载《华南农业大学学报》（社会科学版），2007 年第 2 期。

[17] 黄克剑：《走近早期马克思——兼论思想史研究中的一个方法问题》，载《哲学研究》，2003 年第 7 期。

[18] 李德顺：《论“以人的自由全面发展为原则”》，载

《社会科学战线》，2006 年第 6 期。

[19] 李红波：《马克思反对封建“政治暴政”的思想探析——兼谈马克思〈莱茵报〉时期的自由观》，载《经济与社会发展》，2005 年第 12 期。

[20] 刘明文：《卢卡奇的自由观》，载《理论界》，2005 年第 4 期。

[21] 刘小枫：《一个故事两种讲法——读赫西俄德笔下的普罗米修斯神话》，载《中山大学学报》（社会科学版），2010 年第 2 期。

[22] 聂锦芳：《作为马克思哲学思想起点的伊壁鸠鲁哲学》，载《北京大学学报》（哲学社会科学版），2014 年第 5 期。

[23] 欧力同：《自由王国的此岸性与彼岸性马克思与恩格斯的自由现比较研究》，载《学术月刊》，1995 年第 4 期。

[24] 阮炜：《Philosophia：哲学抑或神学?》，载《世界宗教研究》，2012 年第 1 期。

[25] 石云霞、蔡晓良：《马克思的自由思想探究》，载《理论月刊》，2004 年第 12 期。

[26] 瓦利斯基：《论马克思的自由概念》，载《哲学译丛》，1983 年第 1 期。

[27] 王敏光：《古希腊哲学视域中的个体性问题引论——以“原子论”与“知识论”为视角》，载《自然辩证法

研究》，2013 年第 8 期。

[28] 王南湜：《〈德意志意识形态〉中的分工和异化理论》，载《南京社会科学》，2005 年第 10 期。

[29] 王南湜：《马克思的自由观及其当代意义》，载《当代哲学》，2004 年第 2 期。

[30] 吴向东：《人的自由全面发展：社会主义最高价值观》，载《福建论坛》，2011 年第 1 期。

[31] 辛子：《实现人的全面发展是马克思自由观的核心》，载《社会科学战线》，2003 年第 1 期。

[32] 徐瑾：《马克思真是是“自由”的马克思吗——论马克思自由观与西方自由观的根本区别》，载《唯实》，2004 年第 10 期。

[33] 许全兴：《马克思对德国古典哲学自由精神的继承和发展》，载《中共中央党校学报》，2005 年第 3 期。

[34] 阎孟伟：《马克思与西方自由主义传统》，载《哲学研究》，2010 年第 6 期。

[35] 杨楹：《论马克思解放理论的伦理旨趣》，载《哲学研究》，2005 年第 8 期。

[36] 杨楹：《生活与自由——我所理解的马克思哲学》，载《学术研究》，2006 年第 1 期。

[37] 叶隽：《救世理想与现世艰难——普罗米修斯断片中的“宿命叛逆“现象及其思想史元素》，载《德国研究》，

2011 年第 2 期。

[38] 尹刚、王刚：《必然、实践与时间——论马克思主义哲学的自由观》，载《法制与社会》，2007 年第 4 期。

[39] 俞吾金：《论两种不同的历史唯物主义概念》，载《中国社会科学》，1995 年第 6 期。

[40] 俞吾金：《重新认识马克思哲学与黑格尔哲学的关系》，载《哲学研究》，1995 年第 3 期。

[41] 俞吾金：《自由概念两题议》，载《开放时代》，2000 年第 7 期。

[42] 郁建兴：《马克思自由观的“自由王国”范畴探本——兼与欧力同先生商榷》，载《学术月刊》，1995 年第 12 期。

[43] 张二芳、柴晓霞：《唯物史观视阈中的自由和平等关系探析——兼论 20 世纪西方学者关于自由与平等关系的争论》，载《科学社会主义》，2010 年第 5 期。

[44] 张剑抒：《从人的生存状态解读马克思的自由思想》，载《学习与探索》，2006 年第 1 期。

[45] 张剑抒：《在马克思唯物史观的开放运思中诠释自由》，载《理论月刊》，2006 年第 4 期。

[46] 张奎良：《马克思哲学历程的深刻启示》，载《学术交流》，2010 年第 7 期。

[47] 张萍：《和谐社会和人的自由而全面发展》，载《马

克思主义与现实》，2005 年第 4 期。

[48] 张勤：《马克思“自由人联合体”的伦理解读》，载《齐鲁学刊》，2006 年第 6 期。

[49] 张文喜：《论马克思自由观的当代视野》，载《学术月刊》，2006 年第 8 期。

[50] 张一兵：《人本学的青年马克思：一个过去了的神话》，载《求索》，1996 年第 1 期。

[51] 张之沧：《论马克思早期的自由观》，载《南京师范大学学报》，2004 年第 6 期。

[52] 赵常林：《马克思自由观的演变》，载《北京大学学报》（社科版），1984 年第 4 期。

[53] 赵汀阳：《关于自由的一种存在论观点》，载《世界哲学》，2004 年第 6 期。

[54] 周嘉昕、张一兵：《自我意识旗帜背后的辩证法光辉——重读马克思博士论文》，载《理论探讨》，2005 年第 4 期。

[55] 黄颂杰：《论西方哲学的宗教和神学之品性》，载《哲学研究》，2000 年第 9 期。

[56] 王兆星：《青年黑格尔派的形成及其宗教批判》，载《武汉大学学报》，1988 年第 2 期。

[57] 王志军：《论马克思的宗教批判与哲学变革》，载《哲学研究》，2006 年第 7 期。

［58］卜祥记：《马克思思想历程的最初理论环节——对施特劳斯与鲍威尔关于基督教哲学基础的批判性分析》，载《学术月刊》，2004年第11期。

［59］卜祥记：《公正评价鲍威尔关于基督教起源问题研究》，载《福建论坛》，2004年第6期。

［60］单世联：《从理论走向实践的批判——关于青年黑格尔派的读书笔记》，载《开放时代》，1997年第5期。

## 外文著作

[1] A. J. Ayer, *Freedom and Morality and other Essays*, Oxford University, 1984.

[2] Andreas Arndt, *Karl Marx - Versuchuber den Zusammenhang seiner Theorie*, Germinal Verlag, 1985.

[3] Bailey. Cyril, *Epicurus: The Extant Remains*, Oxford: The Clarendon Press, 1926.

[4] Bailey. Cyril, *Lucretius: De Rerum Natura*, Oxford, Clarendon press, 1947.

[5] Barney. *Prometheuswired*, University of Chicago Press, 2000.

[6] Carol Dougherty. *Prometheus*, RoutledgeLondon, 2006.

[7] Christopher Gill, *The Structured Self in Hellenistic and*

*Roman Thought*, Oxford: Oxford University Press, 2006.

[8] Epicurus, *The Art of Happiness*, Penguin Group US, 2012.

[9] Fritz J. Raddatz. KarlMarx, Einepolitische Biographie, Hamburg, 1975.

[10] Goethe, *Prometheus*, Offizin Andersen Nex, 1982.

[11] Grilli, A. ed., *Diogensis Oenoandensis Framenta*, Milano, 1960.

[12] Guy Neave and Frans A, van Vught . *Prometheus bound*, Pergamon Press , 1991.

[13] Levitt . *Prometheus bedeviled*, Rutgers University Press, 1999.

[14] Long. A. A. andSedley, D. N. , eds. , *The Hellenistic Philosophers*, *Vol.* 1 – 2, Cambridge: Cambridge University Press, 1987.

[15] Louis J. Halle, *Marx' s Religious Drama*, Encounter, 1965.

[16] Martha Nussbaum, *The Therapy of Desire: Theory and Practice in Hellenistic Ethics*, Princeton, N. J. : Princeton University Press, 1994.

[17] Marco Iorio, *Karl Marx – Geschichte*, *Gesellschaft* , *Politik*, Walter de Gruyter Verlag, 2003 Berlin, New Zouk.

[ 18 ] NormanWentworthDeWitt, *EpicurusandHisPhilosophy*, Westport, Conn: Greenwood Press, 1976.

[ 19 ] Oates, W. J. eds. , *The Stoic and Epicurean philosophers: the complete extant writings of Epicurus, Epicurus, Lucretius, MarcusAurelius*, NewYork: Random House, 1940.

[ 20 ] Philidemus, OnPiety, trans, DirkObbink, Oxford: Clarendon Press, 1996.

[ 21 ] R. E. Flathman, *The Philosophy and Politics of Freedom*, Chicago University Press, 1985.

[ 22 ] Radczun, *PrometheusausTheir: Karl Marx*, Kinderbuchverlag, 1980. Landes Cambridge University Press.

[ 23 ] Robert C. *Tucker*, *Philosophy and Myth in Karl Marx*, Cambridge, 1964.

[ 24 ] Roger Garaudy, *KarlMarx: The Evolution of His Thought*, New York, 1967.

[ 25 ] Jacques Derrida, *Marx' Gespenster, aus dem Franzosischen von Susanne Ludemann*, Suhrkamp Verlag, 2004 Frankfurtam Main.

[ 26 ] Sidney Hook, *From Hegel to Marx*, NewYork: Humanities Press, 1950.

[ 27 ] StrodachG. K. ed. , *The Philosophy of Epicurus: Letters, doctrines and parallel passages from Lucretius*, Northwestern

University Press, 1963.

[28] Wutrich, *Prometheus and Faust*, Greenwood Press, 1995.

[29] Ziman, *Prometheusbound*, Cambridge University Press, 2005.

# 后 记

时至今日，研习马克思主义哲学已7年有余，对于卡尔·马克思这位既熟悉又陌生的历史人物，我一直保有着一份好奇，同时也非常渴望能够拨开历史的迷雾看到真正的他。对于这样一位与自己年龄相仿的年轻人，他在写作博士论文时到底是怎样一种心情？怎样一种动因？每当夜深人静，独自写作时我都会去想象当时23岁的卡尔·马克思是一位怎样的青年？他有着什么样的理想？他所追求的生活是什么？在一次又一次阅读马克思的《博士论文》的过程中，我深深地感受到了他的聪明和勤奋、努力和坚持、抱负和热情。可以说，马克思终其一生都在践行着自己中学时期许下的诺言——为人类的幸福而工作！

人生的际遇总是很奇妙，正如马克思在给父亲的信中说道："生活中往往会有这样的时机，它好像是表示过去一段时期结束的界标，但同时又明确地指出生活的新方向。"2016年

7 月我取得哲学博士学位，可以说，这是一段过去结束的界标同时也是未来生活的新方向；2016 年 10 月我来到沈阳建筑大学马克思主义学院任教师；2018 年 8 月，我收到中央编译出版社《马克思诞辰200 周年纪念文库》出版资助的入选通知，这让我再次感慨际遇的奇妙，它使得我在这样一个特殊的时刻与青年时期的马克思再度“相遇”。

我要感谢我的父母，感谢他们带我来到这个世界，感谢他们让我能够有机会感受这世间的美好与忧伤，感谢他们包容我年少时的叛逆和任性。

我要感谢6 年来一直陪伴在我身边的爱人朱先生，感谢他给予我美好的爱情，感谢他在我失落的时候给我肩膀依靠。

我要感谢学术界的前辈们，在写作本书的过程中大量引用了他们的研究成果，在此表示深深的敬意！

张雨欣

二〇一八年夏